たび活×住み活

読むと行きたくなる。
行くと住みたくなる――

in 神戸

たび活・住み活研究家 大沢玲子

旅好きのアラフィフ夫婦が、
独自の視点で「観光以上移住未満」の
地方の楽しみ方、その地の魅力を
ユルリと紹介いたします。

妻　レイコ

鹿児島・枕崎市生まれだが、転勤・転校が多い生い立ちで、自称・根無し草人間。職業・ライター。好物は国内外を巡り、地元のウマいものを食べ、酒を飲み、地元の人に絡むこと。今回初めて県北の豊岡市や播磨の雄・姫路市、日本のハワイ(?)・淡路島にも上陸し、改めて兵庫の多様さにビックリ!

夫　ヒロシ

海なし県の埼玉・幸手市出身。ダサイタマ世代のコンプレックスをほのかに抱える。職業・税理士。数字と歴史にウルサく、毒舌を得意技とする。関西人・関西弁がやや苦手な関東人だが、今回、神戸・兵庫を巡り、予想外の温かな人々との触れあいと街なかのキレイな川に魅せられる。

はじめに――「たび活×住み活」ってナンだ？

無謀にも夫婦2人で出版社を立ち上げ、刊行をスタートした「たび活×住み活」シリーズ。なんとか第3弾までこぎつけました！

何、ナマぬるいこと言ってんだか。全国47都道府県制覇、まだまだ先は長いぞ！

中年夫婦、そこまで生きていられるか……。さて、初めて本書を手に取った方に、恒例の「たび活×住み活」、略して〝タビスミ〟とはなんぞやの話を、社長からお願いします。

おう！　オレたち2人で旅してても、有名な観光スポットって意外に行かないじゃん。物見遊山の旅もいいけど、それより気になるのは「ココに暮らしてる人、どんな生活しているのかな？」なんだよね。

うんうん。「どこかに移住したい！」と決めてるわけじゃないけど、じゃあ、「東京にずっといたいか？」というと、「第2の居場所があるといいなあ」とも思う。仕事は東京が中心でも、もし「ココにちょっと住んでみたらどうなるかな」「交通の利便性はどうなのか？」「地元ならではのグルメってなんだ？」「人づきあいはどうかな」とかって、想像しながらチェックしつつの旅って意外に楽しいんだよね。

レイコの場合は、そこに「いい飲み屋があるかどうか」「ウマい酒があるかどうか」も重要だろ（笑）。オレは、職業病もあるけど、「家賃ってどれぐらいだ？」「この土地の時給の平均はいくらぐらい？」「ココでビジネスやるなら、何が流行るかな」とか、つい気になっちゃうんだよな。

自分だけ、カッコつけてズルいな……。医療体制なんかも重要ね。そうやって、住む人の目線をちょっとだけ取り入れて地方を巡ると、新鮮で違った魅力が見えてくるよね。

そんなこんなで、趣味と実益を兼ねて（笑）、「この地を旅するならこれをやってほしい」「住むなら知っておきたい」ことを、独断と偏見で「たび活」「住み活」、略して〝タビスミ〟と称して紹介してしまおう！　という本です。

定住しなくても、「ココいいかも」と思ったら試しに1年のうち1か月ぐらい住んでみるのもいいしね。こうして「観光以上移住未満」の地方の新しい楽しみ方を伝えたい！　地方を応援したい！　という壮大なプロジェクトです（笑）。

新しい発見という点では、今回、神戸・兵庫は〝ギャップ〟があったなー。〝都会でオシャレ〟で〝とっつきにくい〟というイメージだったんだけど、いい意味で裏切られた。

確かにね。神戸の中心部にしたって、ベイエリアの旧居留地や山側の北野の異人館街なんかはオシャレだけど、三宮・元町の高架下はおもちゃ箱をひっくり返したようなゴチャゴチャ感が楽しめるし、昭和チックな食堂もにぎわってたね。

〝神奈川・横浜と同じようなもんだろ〟って思ってたけど、もっと小ぢんまりしてて、いい意味で庶民的だったな。

お高くとまってないのがいいよね。作家の田辺聖子さんも神戸を「新興の庶民都市」って書いてるわ。

オレ的に「住んでもいいかも」と思ったのは明石かな。駅の近くににぎわってる商店街もあって、漁港とか明石城があるのどかな庭園にも徒歩で行けて、駅ナカに公共機関もまとまってて。港の近くにあった食堂で朝からウマい魚とビール、いい老後を過ごせそう（笑）。そして夏は甲子園で高校野球三昧！

都会にも自然にも、スグにアクセスできるのは神戸市もそうだね。年とったら、車の運転をはじめ移動も大変だから、あんまり田舎すぎても困るしね。夜のネオンも恋しいし（笑）。

明石は新幹線も通ってるから、東京にスグ行けるのもいい。〝2拠点税理士〟も夢じゃない！

〝明石推し〟強いな（笑）。兵庫県ってエリア差がありすぎてまとまりがないなんていわれるけど、だからこそ魅力ある場所、おいしい地元グルメも満載！　日本海の海の幸も瀬戸内海の海の幸もイケる地ってなかなかないわ。

〝魚推し〟強いな（笑）。では、そろそろ……我々タビスミ隊、「独断と偏見で勝手に地方のいいとこを紹介して、応援します！」プロジェクトの神戸・兵庫編、始動します。

あくまでも半フィクション、半ノンフィクションの夫婦のボケツッコミ、ゆる〜く温かい目でお楽しみください。

＊文中の数値はＰ１６６に挙げた調査結果を元に引用しています。参考書籍の著者名・出版元についても紙幅の都合上、Ｐ１６６にまとめました。また、箇所によって人物の敬称を略させていただいております。

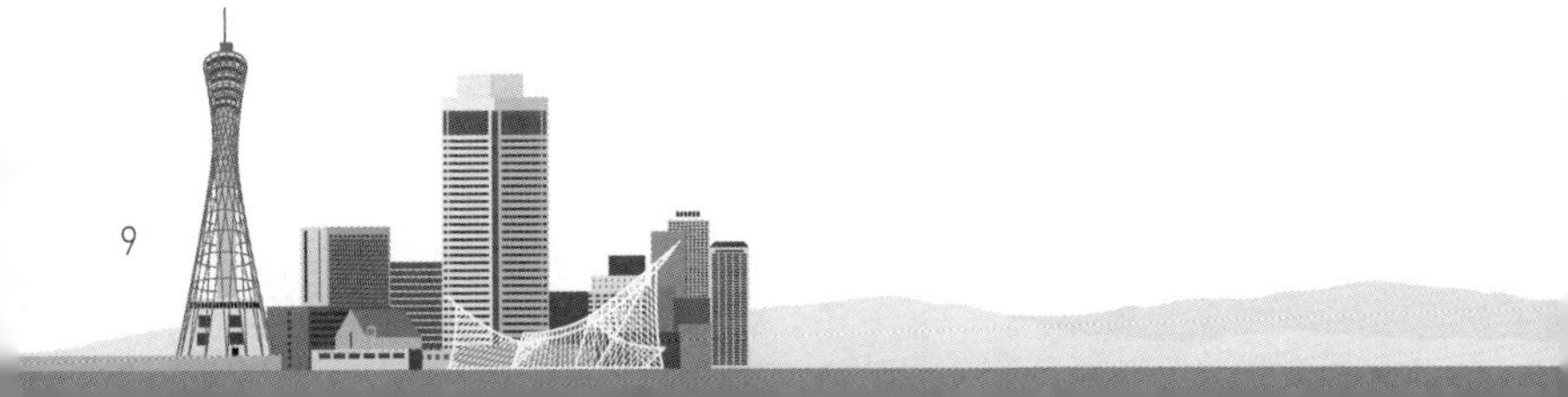

たび活×住み活 1

新幹線降りて徒歩5分の滝に癒される

県内をグル～リ回って思ったけど、兵庫って意外に山が多いのな。

神戸なんかは港町のイメージだけど、市街地から少し歩けば六甲山系だしね。最初に新幹線で来た時、ホームそばに山が迫ってて「えっ、ココ、ホントに神戸？」ってイメージ覆されたわ。

街でシニアの登山者、年季の入った元祖山ガールもよく見かけたし（笑）。

街なかに川や滝が多いのも、山がスグそばにあるからなんだよね。新幹線の新神戸駅そばの滝、暑い夏にホッと癒されたなあ。

ウチの近くにも滝欲しいよなあ……。

どんだけ癒されたいんだか。マイナスイオン好き女子か！

extra info 県北・但馬（たじま）にも「日本の滝百選」に入る滝がある。天から降るかのように流れる天滝、形が猿の尾に似ていることから名づけられた猿尾滝。知る人ぞ知る秘境・シワガラの滝も滝愛好家に人気だ。

くびれたデザインと真っ赤なカラーが〝鉄塔の美女〟と呼ばれるにふさわしい神戸ポートタワー。帆船の帆と波をイメージした独特のデザインの神戸海洋博物館。ハーバーランドの観覧車、商業施設「ＭＯＳＡＩＣ（モザイク）」横に漂うクルーズ船などなど。神戸といえば１８６８年、開港とともに栄えた街。外国人の居住・交易用に指定された旧居留地から続くベイエリアにはオシャレな〝神戸的アイコン〟が並ぶ。

だが、その実、兵庫県全土で見ると森林が占める割合は7割弱。世界でも有数の山国・日本の森林率（約3分の2）とほぼ同じだ。

県庁所在地の神戸市も北区、西区は山を切り崩して造成された住宅地であり、里山も豊富。市中心部そばに標高１０００ｍ級の六甲山系が迫る稀有な都市だ。「都会なのにスグ近くに自然がある」と地元っ子が誇るのも、くやしいかな（？）ナットクせざるをえない。

ぱっと思いついたらお手軽ハイキングもできれば、本格的な山登りもＯＫ。県内を見回せば播磨《はりま》・小野市には〝日本一低いアルプス〟なんて呼ばれる小野アルプスもある。ゴルフ場もあちこちに点在し、神戸市内の「神戸ゴルフ倶楽部」は日本最古の名門だ。

「〜一瞬にして変わってしまった神戸の風景の中で、六甲の山並みだけは変わらない。大きく手を広げて、神戸の街を慈しむようなその大きな存在を背後に感じつつ、市街地に下

りていく。根っからの神戸の人間だなあ、と思う瞬間である」。
神戸新聞の連載記事をまとめた著書『新・神戸の残り香』で、切り絵作家の成田一徹さんは、1995年の阪神・淡路大震災後も〝変わらぬ神戸の風景〟として、六甲山を挙げている。

震災時も山が市民を元気づけた。すべての灯が消えた暗闇の三宮を、市章山《ししょうざん》と錨山《いかりやま》の市章・錨の形の電飾が照らしだす。同著でまさに「希望の光」だったと成田さんは振り返る。

街なかにスグ山がそびえれば、マイナスイオン満載の本格的な滝にも気軽に行ける。華厳の滝、那智の滝に並ぶ日本三大神滝の1つ、布引《ぬのびき》の滝だ。

雄滝《おんたき》、夫婦滝《めおとだき》、鼓ヶ滝《つつみがだき》、雌滝《めんだき》の4つの滝を総称したもので、一番近い滝なら新幹線のJR新神戸駅を降り、グルリ北に回ればものの5分で着く。立派な滝壺があり水量も豊富。ぼーっと眺めているだけでも、旅の疲れがスーッと引いていくはずだ。

布引の滝は平安時代に活躍した歌人・在原行平《ありわらのゆきひら》さんが和歌にも詠んだらしいです。イキですね。行平さんに倣って歌心があればぜひ。〝花より団子〟の我々にはムリですが。

どこでもサンダルで出かけるヒロシ
いつまでも少年の心をもつ（本人談）
ウインドブレーカー
雨が降ってもOK!
これで海外旅行も行きます
ビーチサンダル
おー水がキレイ!!
気持ちいい〜
サイコー!!
こどもか
ワー
ワー
ワー
JR新神戸駅スグ 布引の滝・雌滝
おー マイナスイオン!!
きもちいいね〜
布引の滝・雄滝
ここの滝 打たれたくなるなあ…
いやむしろ打たれるのにピッタリ
イヤイヤイヤ 無理だから!!
あぶないからヤメテ〜!!

住み活×たび活 2

市場メシで
兵庫の歴史を知る

しょっぱなからナンだけど関西弁って実は苦手なんだ。キツく感じない?

毒舌のキミが何言ってるんだか……。でも、いざお店の人なんかと話すと、愛想良くて感じいいんだよな。

伊丹空港から直行した中央卸売市場の「丸高食堂」のおじさん、気さくだったね。震災の時とか明石海峡大橋をつくってた時とかの貴重な話も聞けたし。

初めて食べた近大マグロもイケたよな。近くに三菱重工関連の施設もあって、東京から出張の技術者もよく来るって言ってたね。

そもそも開港以前は市場があるあたりの兵庫区が神戸の中心だったしね。町名にもその名残があるし……。この地の歴史を知るなら探索すべし! だね。

extra info 神戸=市場のイメージは薄いが、中央卸売市場内には一般客が買い物OKの専門店も。旬の食材を買ったり、その場で味わえたりする“穴場グルメスポット”。近大マグロをアテに朝から飲める(笑)!

兵庫・神戸の〝センター〟といえば、投票するまでもなく中央区の三宮・元町エリア。だが、実はこのエリアが栄えたのは開港以降のこと。「来航した異人さんによって外国文化がもたらされたのが契機になってんやから、まあインバウンド効果みたいなもんやろ⁉」。というのは乱暴な言い方かもしれないが、今の三宮あたりは小さな村だったに過ぎない。

実は古くから交易の場として栄えてきたのは、もっと西に位置する今の兵庫区。奈良時代に大輪田泊《おおわだのとまり》と呼ばれ、平清盛が日宋貿易の拠点として整備した兵庫津《ひょうごのつ》（後に兵庫港となり、神戸港と総称されるようになる）があったエリアだ。

現在、神戸市中央卸売市場がある中央市場前駅付近には大輪田橋、船大工町といった歴史をしのばせる地名、町名が残る。江戸時代以前の清盛さんやら平家さんやらに関連する史跡も点在し、都（福原京）が置かれたことも。わずか半年だったとはいえ、皇居が置かれた「雪見御所《ゆきみのごしょ》」旧跡の碑も残っている。

江戸時代は北前船の経由地として栄え、主要な道路だった西国街道も通っていた。海路でも陸路でもこのエリアこそが交通の要衝として栄えていたのだ。えへん！

下町モードあふれる市場には新鮮な刺身で一杯もＯＫの飲食店街がある。グルメを味わいつつ、市場の活気を味わうとともに昔日のにぎわいに思いをはせてみるのもいい。

ポスト・パイ山の三宮を考える

神戸＝オシャレっていうけど三宮って街が結構ごちゃごちゃしてないか？　駅も、ＪＲ、阪急、阪神、地下鉄なんかでそれぞれ距離があるからイマイチわかりにくいんだよな。

確かに地下鉄に乗り換える時も駅ナカとか地下で何度かウロウロしたね。

相互乗り入れをもっと進めればいいのに、鉄道会社同士、仲が悪いのかな（笑）。

勝手に仲悪くするのヤメて（苦笑）。でも、今、三宮駅前を工事してるじゃん。2020～30年ごろには駅前がガラリと変わるらしいよ。

へー、そうなんだ。

駅の乗り換えもわかりやすく、街なかへの移動もしやすくなるって。

extra info　三宮に新規開業した神戸阪急のオープニングでは阪急百貨店吹奏楽団の演奏で、宝塚のスターが登壇するという“阪急”らしいイベントが。阪急が社員養成のために設立した阪急商業学園の卒業生で結成されたのが吹奏楽団の発祥だという。

外部から訪れた神戸初心者にとって、実質上の街の玄関口となるのが三宮。だが、そこには思わぬトラップが待ち構える。路線数はＪＲ、阪急電鉄、阪神電車、地下鉄2路線、ポートライナーと６つ。乗降客数は合計約70万人を突破しているとか。通勤・通学の時間帯はなかなかのカオスっぷりだ。

さらに厄介なのが先の６つの駅が三宮周辺に点在し、まあまあ距離があること。例えば神戸空港からポートライナーで三宮に来て、さらに地下鉄や阪神・阪急などに乗り換えようとしても、意外に乗り換えの動線がわかりにくい。タビスミ隊もまんまとハマったが、地上や地下でもお目当ての路線を目指して、うろうろと大回りするリスクがある。

そんな声をも反映し、今、進められているのが三宮の再整備。人と公共交通優先で６つの駅が１つの〝大きな駅〟となるように整備し、歩行者が駅と街なかを行き来しやすい空間、名づけて「三宮クロススクエア」なるものを実現するらしい。

駅前の工事が進むなか、２０１９年10月には、長年、親しまれてきた駅前の「そごう神戸店」が閉店。「神戸阪急」へ看板を付け替えることになった。

神戸阪急を核のテナントに、ホテルや飲食店などが入る神戸阪急ビル東館の最終形は21年に完成予定だ。

大阪・梅田で絶大なブランド力を誇る阪急の三宮進出により、元町にある神戸百貨店業界の雄・大丸とのバトルも激化するか⁉　市としては元町や神戸駅周辺への周遊効果も目指した一体化した街づくりを進めていくという。

　工事に伴い、そごうのほかにも、駅北側の待ち合わせの定番だった広場、通称〝パイ山〟が一時閉鎖となり、併せて神戸阪急ビル西館と阪急神戸三宮駅のリニューアルに伴い、駅構内西側の待ち合わせスポット、マクドナルドも閉店となった。

「パイ山も、マクドもなくなったら、どこで待ち合わせしたら……」「パイ山返せー」などと、地元っ子からは寂しがる声も。

　駅前がキレイになるのはいいが、旧居留地や北野の異人館街など、昔からのモノを上手にリメーク、オシャレに保ってきた〝神戸らしい〟開発、期待しまっす！

通称〝パイ山〟は3つのおわん形の山がポコポコあることに由来。正式名称は「さんきたアモーレ広場」って地元のみなさん、知ってました（笑）？　公募により新デザインが決定したらしいですが、今度は何て呼ぶのかな？　やっぱりパイ山⁉

パイ山ときいて
すぐピンとくる人は
生粋の神戸っ子
三宮の待合わせの定番
（だった）
正式名称は
さんきたアモーレ広場
こちらを知らない人の
方がむしろ多い（笑）
なんでパイ山？
それは多分
ご想像通り（笑）
明日は10時
パッパッ
パイ山集合……
おっ
パイ山～～？
ニヤ
ニヤ
最初はちょっと
口にするのが
恥ずかしかった…
夜のパイ山は…
カップルの
痴話ゲンカ
夜通し
話しこむ人
Z～～～
酔って寝る人
様々なドラマが
繰り広げられていた
合コンにて
趣味は登山です
次に登りたいのは
パイ山です
テッパン
ネタ…？
サムイ…
パイ山消滅に
惜しむ声、
続出！

たび活×住み活 4

山側、海側で方向感覚を養う

あれっ、今、どこだっけ？　元町向かってる？　三宮？

チッチッチッ、まだまだ神戸初心者ね。方向がわからないときは、どっちに海があって山があるかを見ればいいんだよ。百貨店の大丸神戸店にも、「海側」「山側」っていう表示があるし。

確かにどっかの駅でも同じような表示を見かけたけど、海側、山側ってあいまいじゃね？　特に海はどこからでも見えるわけじゃないからヨソ者にはわかりにくいよ。

そうかなー？

せめて海に一番近いところから海1丁目、2丁目とか徹底してほしいな。

合理的すぎるでしょ。いや、海も山も見えない埼玉人のヒガミ？

extra info　本文で紹介する国道2号線、ニコク沿いには地元で知らなきゃモグリの「鈴木商店」（JR摂津本山駅）というアイスキャンデーの人気店も。昭和22年から続く老舗で、壁に赤く描かれた「味覚の王座」（！）なる表示が目印。

神戸中心部および阪神間（神戸と大阪の間のエリア）は山と海に挟まれた細長～い地に位置する。そこで方角を示す際に、東西南北に代わって定着しているのが「山側」「海側」なるワードだ。元町の百貨店・大丸神戸店にも堂々と「海側」「山側」という表示が掲げられ、駅の出口に「海側」「山側」と記されていることも。

ヨソ者からしたら、どんだけ牧歌的なぼんやり表示なんだ、という印象だが、神戸っ子は山があるほうが北で、南が海という方向感覚が身にしみついている。平坦な場所に行くと、どうにも落ち着かず、この地に戻って山と海を確認すると「帰ってきた～」と安心する⁉ というのもあるあるなのだ。

電車も三宮から阪神間にかけては阪急（神戸線）、JR、阪神電車が並行して走り、道路も海岸線に沿って山手幹線（通称ヤマカン）、国道2号線（ニコク）、国道43号線（ヨンサン）がほぼ平行に伸びている。阪神間の行き来では大抵、北が山、南が海というわけ。「ニコクをずっと行って山側に～」などと道案内でも使われるので用語として覚えておきたい。

ちなみに山側の高台に走る阪急のセレブ&オシャレイメージから、「景色の良い山側に住みたがる」というのもこの地の人々（特に神戸市から東）の特性。だが、年齢を経ると運転手付きのお車がないと移動に困るリスクも⁉ 住まいを探す際には心したい。

たび活×住み活 5

洋食文化の2大ルートを知る

神戸のグルメって、カツにデミグラスソースがドバッとかかってたりとか、意外にコッテリ系が多くないか?

天ぷらにウスターソース登場ってのもあったし、神戸グルメの代表といえば洋食だし。今回行った元町の洋食店「グリルミヤコ」、おいしかったね。

創業者は元々、外国航路の貨客船のコックだったんだっけ。

港町ならではだね。船が揺れた時にこぼれないよう、シチューの周りにマッシュポテトがあしらわれてるのもシャレてた。

流行りの糖質オフとかビーガンとかヘルシー志向なんか無視(笑)。意外にコンサバで古き良きちょいバブル的オシャレグルメが残ってるのも神戸ならではだなー。

extra info　西洋風でオシャレを意味するハイカラの語源は、ハイカラー(高い襟)。西洋人や西洋文化を好む人が襟の丈の高いシャツを着ていることから生まれた言葉だ。

カツやハンバーグ、カレー、オムライス、ナポリタンなどなど——お子様はもちろん、いい年したオジサンも大好きな洋食。開港地ならではのハイカラ文化の先駆者・神戸グルメの1つだが、それでいてカウンターで気取らず箸で食べられるような、お高くとまっていない店が多い。意外にオープンな〝庶民都市〟なのだ。

ルーツにも独自性がある。一般的な洋食店はホテルなどで修業して独立というパターンが多いが、ココ港町では外国船内のレストランで働いていたコックが開いた店が点在する。

〝船上の味〟を引き継ぐ店の1つが元町・花隈の「グリルミヤコ」。

船のコックだった創業者が先輩コックから引き継いだデミグラスソースを持ち帰り、1965年に創業。店が全壊した阪神・淡路大震災の際もソースの鍋だけは助かり、今もつぎ足しながら煮込み続け、提供している。マッシュポテトがあしらわれたテールシチューは絶品！　ホテルで修業したパターンでも、開港から数年後、外国人専用の居留地に開かれた「旧オリエンタルホテル」（阪神・淡路大震災時に閉鎖）での修業を経て、独立したコックが開いた店があるのがこの地らしさ。その代表的名店だった「帝武陣《てむじん》」は閉店してしまったが、元町の「Ｓｉｏｎ（シオン）」では、旧オリエンタルホテル出身のシェフを呼び寄せ〝幻の味〟を復刻。本格派欧風カレーが楽しめる。

たび活×住み活 6

〝食堂飲み〟デビューを果たす

神戸ってオシャレなグルメのイメージだったけど、昭和な感じの大衆食堂も多いよな。

食堂という名の〝酒場〟ね。明るいうちから飲んでる人も多くて、意外に神戸って昼飲みに寛容だよね(笑)。

レイコにピッタリだな。

明石の「みなと食堂」だっけ。朝に行ったら、1人客のオジサン全員がビールの大瓶とつまみ、シメにご飯とみそ汁たのんでて、ちょっと笑った。

これぞ理想の老後(笑)。つくり置きのおかずが多いから、オーダーが面倒じゃないのも合理的でいいな。

接客もキビキビ、気持ちいいしね。

昭和、平成と引き継がれてきた神戸キビキビ文化、令和も続いてほしいな。

extra info 酒飲み・タビスミ隊が“食堂”で気づいたこと。ビールの大瓶・小瓶の読み方が関西は「だいびん、しょうびん(東はおおびん、こびん)」。「こびん1本!」とオーダーしたら「しょうびん?」と聞き返され、東西文化の違いを新発見!

老舗洋食店で懐かし系洋食もいいが、この地でぜひ足を運びたいのが大衆食堂だ。

兵庫・神戸には〝食堂〟とついた飲食店が意外に多いが、食べるだけでなく昼飲み&朝飲みOKの懐深い店も。朝からビールを飲みながら、ちびちびお惣菜をつまむのもアリだ。関西的合理性を感じさせるのは、調理済みの惣菜がズラリとショーケースに並んでいること。食堂ビギナーも臆することなく、好きなものを指差しで選べる。温かくして食べたい惣菜は温め直してくれ、揚げ物や炒め物などは、オーダー制で調理したてのものが運ばれる。店のスタッフのお母さん、お姉さんたちの愛想がいいのも関西的文化か。混んできても、司令塔のお母さんに従って、席の誘導、料理の配膳も抜かりなし。値段も格安だ。

東京でも下町に行けばこういう大衆食堂はあるが、街の中心、三宮や元町に店が点在するのもいい。

三宮ならば「皆様食堂」、元町の「金時食堂」などが人気の老舗店。ささっとランチをかきこむ会社員から、悠々自適なシニア、観光客、若い女性客、カップルなど老若男女が仲良く隣り合わせのオープンな雰囲気もいい。

ヨソ者も躊躇《ちゅうちょ》なく入れるウェルカムなムードも、異国の文化をひょいひょいと取り入れてきた、しがらみが薄い独自の風土ゆえ、かもしれない。

“私鉄王国”の乗りこなし術を学ぶ

神戸ー大阪間に阪急、JR、阪神の3本も電車が並行して走ってるって、はっきり言ってムダのような（笑）。

そんなこと言って……。高台から阪急、JR、阪神の順でオシャレ度の“等高線”なんていわれてたりもするのも神戸っぽいネタでおもしろくない？

いや、それぞれ駅が結構離れているのが初心者にはヤヤコシイんだよなー。

確かにJRの尼崎駅から阪神の尼崎駅まで歩いて、予想外に時間かかったよね。ビギナーは要注意かも。

他にも山陽電鉄、神戸高速線、神戸電鉄とか私鉄の数も多いよね。

でも車のナンバーは姫路と神戸の2つだけ。どういうこと（笑）？

extra info 阪急電鉄の伝統、マルーン色の車両は1910年の開通時から採用。ヨーカン色とちゃうで（笑）。かつて車体の色の変更を検討した際には沿線から反対の声が上がったとか。4日に1度ぐらいのペースで洗車しているそう。

リクルート住まいカンパニーが毎年、発表する「住みたい街（駅）ランキング関西版」。そこで不動のトップを走り続けるのが阪急神戸線。２０１９年の結果も、阪急神戸線の西宮北口駅を1位に、トップ10に4駅がランクインしている。

通勤、通学、ショッピングなどでも三宮、大阪・梅田へのアクセスがよいのに加え、阪急の伝統的カラーである、独特のツヤ感がある小豆色（マルーン色）の車両の支持率も高い。阪急グループ創業者・小林一三さんが沿線開発で仕掛けたブランド戦略、根強い！

だが、30～40代の子育て世代の間ではコスパの点からJR沿線が人気ともいわれ、「阪神沿線のほうがお値ごろな商店街が多く、買い物がしやすい」という声も。ブランドを取るか、実益を取るかで多様な意見が聞かれる。

ただし、阪急志向は神戸の東の方で強く、西の人にとっては「どちらも同じようなもん」だったりする。さらに、狭いエリアに鉄道会社がひしめく私鉄王国。タビスミを極め、神戸市以外にも県全域のエエもん、エエとこを探っていくなら、先の3線以外の路線も押さえておきたい。

まず、阪急、阪神は梅田から並行して新開地駅まで乗り入れているが、そこで両線を仲介しているのが神戸高速鉄道。

新開地駅から湊川駅を経て神戸電鉄への乗り継ぎ、阪神と接続して西代駅から播州方面へ延びる山陽電車への仲立ちも行っている。

というわけで乗り継ぎ専門の同社が保有しているのは線路と駅だけ。乗務員、自社車両は持っていない。なんともケッタイな鉄道会社だ。

また、新神戸―谷上間を結び、市北部、山側へ向から北神急行電鉄は全区間が六甲山を貫くトンネルのため、かつて初乗り運賃が３６０円と高額だった。利用者も減少するなか、神戸市がオーナーの阪急から購入し、20年、神戸市営地下鉄に編入。運賃もガクンと下がり利用しやすくなる。

北区のみなさま、よかったですね。

懸案の多様な路線の乗り入れについては、阪急と市営地下鉄の相互直通運転が実現するといわれていたが、北神急行買収を先行した影響でムズカシくなったという説も。

と、ヤヤコシイ話が続くなか、県の車のナンバープレートは潔く神戸と姫路の２つ。淡路島ののどかな玉ねぎ畑を神戸ナンバーの軽トラが走っていたり、北部で姫路ナンバーの車を見かけたりすると、見慣れないヨソ者はどうも「？」「!!」となってしまう!?

ちなみに、バイクに交付するナンバープレートについてはマスコットキャラクターをあ

しらったオリジナルプレートを交付しているエリアも。だが、かわいらしすぎて、特に男性からは「バイクに似合わない」と通常型チョイスが優勢のよう。
淡路島を牛耳る(?)、地元著名人・上沼恵美子さんあたりが声をあげて、そろそろ淡路島ご当地ナンバーでも作らないかしらん。

なんとなーくですが、いろんな路線に乗っていると、乗客のカラーも違うように感じます。やっぱり阪急電車に乗っているマダムは、エエ服着てるような……知らんけど(笑)。

神戸・姫路ナンバー地域性あるある
※あくまでもイメージです(笑)

たび活×住み活 8

週末朝は格安飲茶でご機嫌

週末の朝限定で中華粥が格安で食べられる店があるんだって。

中華街の店？

中華といって、中華街の南京町を連想するようじゃまだまだ神戸・初心者ね。タビスミ隊狙い目は地元っ子が行く隠れた名店。実は元町駅から山側においしい中華の店が点在してるんだ。着いた！「香港食館」。

若干、ディープっぽいけど……お粥と焼きそば、サラダで380円、安いな。

おっ、来たよ。うん、この値段で本格的。

点心もアツアツでウマいね。

しいたけシューマイ、地味にウマい！

お店の人のカタコト日本語も愛嬌あるし。ホント、東南アジアの食堂に来たみたいなライブ感、いいね！！

extra info　居留地の西に隣接した中華街の華僑の人たちは、欧米人と日本人との仲介役として通訳や貿易業務などをサポートした。神戸の経済発展を後押しした彼らの功績は大きいのだ。

国際都市としての成り立ちから、現在も県内に住む外国人の数は10万人超と全国でもトップ10入りをキープ。グルメな街として異国の専門料理店も数多い。

なかでも味にうるさい神戸っ子がラブなのが中華料理。実は神戸の一世帯当たり、外食への支出で部門別・中華料理では堂々の全国4位（２０１６〜18年平均）なのだ。

といえば、まず頭に浮かぶのが南京町の中華街。条約の関係で居留地内に居住が認められなかった中国人が居留地西側の隣接地域（雑居地）に住み始めたのが発祥だ。その後、神戸大空襲を経て、廃れた街の活気を取り戻そうと１９８０年代以降、商店主が街づくりを実施。現在の商業地としての南京町が誕生する。街を歩けば、多く見かけるのはアジア系や修学旅行生などの観光客。地元では観光地ポジションだ。

では地元っ子がどこに行くかというと元町駅や県庁前駅周辺の店。腕の確かな点心師がせっせと餃子や小龍包を包んでいるような、決してオシャレとはいえない路地裏感満載の〝小バコ店〟に、地元の熱心なファンがついているのだ。

無論、神戸人が南京町に足を向けないわけではないが、その使い方はピンポイントあるいはテイクアウトユース。「焼きそばはココ」「豚まんはこの店」「お粥はあの店」「チャーシューを買うのはこの店だけ」などなど。彼らの店・商品の選択眼に妥協はないのだ。

たび活×住み活 9

“リトルインディア”を探訪

北野で行ったインド料理の店「アールティ」だっけ。お客の半分以上が外国人で、ココはドコ？　って感じだったな。

インド人らしき人、欧米系、アラブ系っぽい人、国際色豊かで、さすが神戸って感じだったね。神戸は在住インド人も多くて、レストラン以外にもインド本場の香辛料なんかを売ってるディープな店も結構あるみたい。

へー、中華だけでなくてカレー好きにもいいな（笑）。

実はインドのモディ首相とも関係が深いの。2019年に大阪でG20があった時も神戸に来てたんだって。経済交流も盛んになっていくみたいよ。

世界でも急成長中の国と関係が密とは神戸、抜かりない！

extra info　毎年秋には西日本最大のインドの祭りといわれる「インディア・メーラー」が行われる。関西地域のインド料理店の屋台が並び、インドの音楽やダンスのステージなども楽しめる。

エスニックシティ・神戸。中華料理店以外にも目立つのがインド料理店だ。

ココにも歴史が関係している。開国後、貿易港として栄えたのが神戸と横浜。両市にはインド商人が多く居住するようになるが、１９２３年の関東大震災で横浜のインド商人が神戸に移住。在日インド人が神戸に集中したという経緯がある。

県のデータを見ると、神戸市を中心に県内に住むインド人は約１５００人。阪神・淡路大震災後、減少した時期もあったが、近年はＩＴ関連企業で働くインド人が増えている。

生活インフラが整っているのも大きい。神戸には北インドで生まれたジャイナ教の日本唯一の寺院があり、その他にも神戸ムスリムモスク、シク教寺院などの礼拝施設が揃う。子どもにとってはインターナショナルスクールが充実しているのもポイントだ。

イスラム教徒は、毎週金曜12時半に集団礼拝をするため、金曜の昼には近隣のパキスタンレストランに加え、インド料理店でもハラールフードを提供している店がある。

〝モディノミクス〟と呼ばれる経済政策で注目を集めるインド・モディ首相との交流も深い。２００1年、インド西部地震の際、モディ首相の故郷でもあるインド・グジャラート州を県が支援したのが縁で、19年には4回目の来県を果たしている。

本格カレーに舌鼓を打ちつつ、神戸とインドとの意外な交流関係にも注目したい。

夏は甲子園で
つかの間、
青春気分

今回、初めて甲子園に高校野球を観に行ったけど、予想外によかったね。

テレビでは40年ぐらい見てて、正直飽き飽きしてたけど、実際に生で観ると違うもんだな。観客も選手も躍動感があって、清々しい。

心がすさみきった中年男も、高校生パワーに胸アツ（笑）。

応援団も学校ごとに特色があっていいし、負けたチームに観客が惜しみなく拍手する雰囲気もグッとくるね。

そんなに野球ファンじゃないけど、甲子園ファンにはなったかも。

暑い夏もビールを飲みながら、飽きずに1日中過ごせるなー。レイコ亡き後の老後の趣味が見つかった（笑）。

なぜ亡き後……（苦笑）。

extra info　もう1つの甲子園といわれているのが、全国高校軟式野球選手権大会が開かれる明石トーカロ球場。命名権を取ったトーカロは神戸市にある金属加工会社。かつて巨人が春季キャンプを実施していたことも。

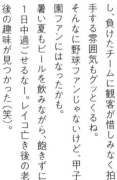

１９２４年、毎夏の高校野球（全国高等学校野球選手権大会）開催のため、阪神（電気鉄道）が周辺の開発計画とともに建設した阪神甲子園球場。大正、昭和、平成、令和と４つの年号を経て、今も数々のドラマを生んでいる。

その伝統の重みを感じるなら、古き良き球場グルメもチェックしたい。その筆頭が球場誕生当時から１００年近く味を受け継ぐ甲子園カレー。大正時代から洋風メニューを出していたとはさすが！　夏限定商品といえばかちわり氷。六甲の天然水を用いた氷水をビニール袋に入れた、ご当地モンだ。球場近隣グルメなら、球児にも大人気の世界一のボリュームを誇るという名店「大力《だいりき》食堂」の名物かつ丼に挑戦するのもいい。

時代が変わっても、変わらぬのは〝伝統の味〟と、球場を去る時に一礼をする高校球児、そして涙ながらに甲子園の土を持って帰るシーン。いい年したおじさんも、おばさんもつかの間、青春時代に戻れる貴重なひとときを過ごせる。

ちなみに、２０２１年ごろには甲子園南側に飲食店などを併設した新しい施設がオープン予定だという。既に「ららぽーと」「コロワ甲子園」などの商業施設が生まれ、急速な街の変化をさびしく思う地元っ子も。汗だくの甲子園球児、ド派手なハッピを着た虎ファンも気軽に足を向けられる街の雰囲気はぜひキープしてほしいものだ。

甲子園歴史館でタイガースの歴史を知る

球場隣に甲子園歴史館なんてあるんだ。さすが歴史ある球場！

これ、阪神が日本シリーズで優勝した年の、バックスクリーン3連発の打順だ！ 3番バース、4番掛布、5番岡田と3連チャンで巨人の槇原からホームラン打ったんだよなあ。

よく覚えてるねー。

タイガースを知るならキホンのキ！ とにかくバースがスゴかった。今でも歌えるよ、バースの応援歌（笑）。

ココで歌わなくていいよ！

でも、隣の西宮にも西宮球場があって阪急ブレーブスって強え《つえ》球団があったんだよ。名将上田監督、サブマリン山田、世界の盗塁王福本……。

話、さかのぼりすぎ（苦笑）！

extra info　現役引退したイチローが友人らと結成した草野球チーム「KOBE CHIBEN」。神戸の「ほっともっとフィールド神戸」などで試合をやるとか。これは注目！　同球場が草野球の聖地となるか!?

ド派手な黒と黄のシマシマハッピを着こんだファンが大阪方面から押し寄せれば、三宮方面から来るファンはややシック!?　さらに「イチローがおったときはオリックス応援してたんけど、今は阪神ファン」「甲子園行こう言われたら、特別ファンじゃなくても行くけど……」。

そんなブレブレ、マイルドなタイガースファンもアリ！　なのがご当地流。これもいろんな土地からいろんな人々が集まり、多様性に富み過ぎるお土地柄か。勝っても大阪のファンほどは街を挙げて大騒ぎはしない。だが、往年のファンならば初の日本一を達成した1985年の劇的勝利の試合は鮮明に覚えているはずだ。

たとえば、4月17日といえば「バックスクリーン3連発の日」。巨人との2回戦で、7回裏に阪神のクリーンアップ、ランディ・バースと掛布雅之、岡田彰布が巨人の槙原寛己投手からバックスクリーンに三者連続本塁打を放ち大逆転。〝伝説の3連発〟とも言われ、いくらシュッと気取った神戸っ子でも、球場で狂気乱舞したファンも多いはずだ。

その後、リーグ優勝はしているものの、日本一はおあずけ状態。タイガースの歴史を辿る甲子園歴史館に、2回目の日本一の展示が掲げられるのはいつになるか!?

さて、今、阪神間を〝ホーム〟としている球団といえばタイガースだが、この地にはか

つてあった阪急西宮球場を拠点とする最強チームがあった。イチローがいたころのオリックス・ブルーウェーブ（現オリックス・バッファローズ）の前身、阪急ブレーブスだ。

その黄金時代は75～77年、3年連続で日本一を達成した上田利治監督の時。史上初の3年連続のＭＶＰを獲った最強のサブマリン（アンダースロー）投手・山田久志、新人王の佐藤義則、今井雄太郎を投手陣の3本柱に、世界の盗塁王・福本豊、世界の代打男・高井保弘などが大活躍。

福本は盗塁のメジャーリーグ記録を破ったことで、国民栄誉賞を打診されるが、「立ちションもできんようになる」と固辞。現役引退後もオモロい解説で野球ファンに人気だ。

こんなに強くても、なぜかチームとしては人気があまりなく（コアなファンは多し）、西宮球場が一杯になるのは日本シリーズの試合の時ぐらいだったともいうが……。

現在、西宮球場はショッピング施設・阪急西宮ガーデンズに。阪急西宮北口駅が、住みたい駅の常に上位入りを果たしていることもあり、一層のにぎわいを見せている。

当時、関東は長嶋監督率いる巨人ファンだらけで、長嶋さん相手に巨人にも2連覇し、3年連続日本一を達成した阪急ブレーブスは憎たらし～い存在でした（笑）。

西宮というと
えべっさんの福男選び
が有名だが
屈指の韋駄天がいた。
阪急ブレーブスの
世界の盗塁王
福本 豊
国民栄誉賞を
打診されるも
「立ちションもできん
ようになる」と辞退
史上最高の
サブマリン投手と
いわれた
山田久志
アンダースローで
史上
最多勝利
通算代打本塁打
27本の
世界記録を
残した
世界の代打男
高井保弘
いぶし銀の選手
ぱっかりだったなぁ
オレも関東人だから
巨人戦ぱっかり
見てたけど…
なるほど〜〜
今も阪急ブレーブス
ファン魂は熱い
往年のファン、
選手たちの集いが
行われているという

たび活×住み活 12

〝兵庫五国〟——多様すぎる土地柄を知る

そろそろ兵庫県全体のお話。元々5つの国に分かれてたって知ってた？

歴史通をつかまえて何言ってんだか。いわば国策で、開港とともに元の行政区分関係なしに統一されたんだろう。

実際に県内回っても、ホントにココは同じ県？　ってこと多かったよね。

特に丹波とか但馬の山間部に行ったら周囲は山ばっかり。けれど、但馬も城崎温泉からちょっと行けば日本海の海が見えて、カニが名物だしな。

まあ、冬になると神戸っ子もカニを食べに駆けつけるわけだけど(笑)。

タクシーの運転手さんが、県北の豊岡市は夏は蒸し暑くて、冬はすごく寒いって言ってたな。ムチャ苛酷。

住むなら気候の違いもポイントだね。

extra info　本書で紹介する日本のセンターの1つが、日本標準時となる東経135度の子午線が通る〝時のまち〟・明石市。現役最古のプラネタリウムがあり、子午線交番、明石子午線郵便局といったユニークな名前の施設も。

長い日本列島のほぼ中央部に位置し、〃日本のへそ〃（Ｐ１４０）や標準時を決める子午線（東経１３５度）も擁する〃センター県〃・兵庫。

周囲に瀬戸内海、日本海と2つの海を擁し、東西に縦走する１０００ｍ級の中国山地があれば盆地だってある。雪がドッサリ降るところもあれば、〃日本のハワイ〃なんて呼ばれる温暖なリゾートアイランド・淡路島も持っている。

まさに全国に点在する地勢や気候などなど、多様な要素をギュギュッと集めた「日本の縮図」といっていい。

面積自体は全国12位と広さではもっとデカいところがあるのだが、取り巻く環境が違えば、さらには背負ってきた歴史も違う。そんなわけで同じ県民として一致団結しろって言われてもムリな話!?

そもそも、この地は摂津、但馬《たじま》、播磨、丹波、淡路という5つの国がまとまったエリア。初代知事・伊藤俊輔（俊介）、後の首相・伊藤博文の統治のもと、国際貿易港・神戸がある兵庫が貧弱であるべからず、といわば国策でムリヤリ（？）一緒にさせられたようなもの。外貨獲得の礎となる神戸港を発展させるため、農村地帯である但馬や播磨の税収を充てるという明治政府の思惑があったといわれる。

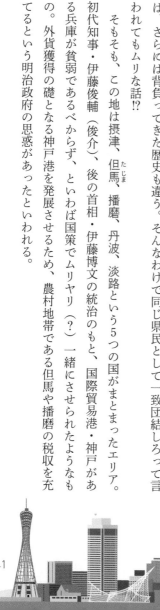

神戸開港以降の歴史にばかりスポットが当たり、新興都市と思われがちだが、各エリアには古〜い史実が残っていたりする。淡路島には日本の発祥となる〝国生み伝説〟が伝わり、丹波では中生代白亜紀の恐竜（丹波竜）の化石が発見された……中生代白亜紀ってイツやねん！ お隣の古都・京都も真っ青な〝歴史国〟の一面を持つのだ。

地勢の違いによる、気候のエリア差も見逃せない。

ザックリ大別すると、中国山地を境に、北側は冬に雨、積雪が多い日本海型気候、南側は雨が少なく温暖な瀬戸内海型気候となる。

北部の但馬では「弁当忘れても、傘を忘れるな」といわれるほどで、年間降水（積雪）量の約3割が12〜2月にかけて降る。一方で夏は豊岡盆地のあたりはフェーン現象によって最高気温が37度になることも。夏は暑く、冬は寒さが厳しい。但馬の人が粘り強いといわれたりするのは、気候の影響もあるのか。

中山間地に位置する、盆地・丹波エリアはお隣の京都に近く、瀬戸内海型、内陸型気候に属し、1年を通じて昼夜間の寒暖差が激しい。秋から冬にかけては丹波霧と呼ばれる霧が発生することでも知られる。

また、南東部の神戸市内でも、六甲山や海の存在によって気候が大きく違ってくる。六

甲山の海側、いわゆる表六甲エリアは海や山からの風によって、夏は気温上昇が抑えられるが、冬は乾燥した強く冷たい六甲おろしが吹くことも。

六甲山は標高100メートル上がると、気温が約0・6度下がるといわれ、山頂近くの六甲高山植物園は北海道南部と同じぐらいの気候だとか。ほっ、ほっかいどう!?

冬の風物詩として、六甲山の標高800メートルに位置する六甲山小学校（灘区）では、二十四節気の霜降の日（10月23日ごろ）に合わせ、ストーブの火入れ式が行われる。瀬戸内海型気候といっても侮れじ、だ。

冬場は六甲山の裏手にあたる北区や西区の山間部、須磨区や垂水《たるみ》区の北部も、市街地の三宮に比べると3～5度低かったりする。冬の寒い夜、三宮で飲んだ後、北神急行に乗ってトンネルを抜け、北区の谷上駅についたら雪景色なんてことも！　油断大敵。

同じ県・市内でも、標高によっても気温や気候が異なるこの地。生活する際はもちろん、県内移動の際には、地域別の天気予報やその特徴もしっかりチェックしておこう。

県では「兵庫五国連邦（United 5koku of HYOGO）」と称し、個性あふれる5キャラクターとともに各エリアの〝あるある〟を紹介してます。いっそ県名変えちゃう!?

“兵庫五国”のキャラの違いを知る

歴史的に5つも国があって、これだけエリアが分かれてたら、対抗意識が強くて仲が悪いんだろ。

キミの故郷・埼玉の浦和VS大宮じゃないんだから……。確かに地域ごとにキャラは違うけど、違いすぎて比較のしようがないのかも。神戸ブランドは知名度もバツグンだけど、唯我独尊っていうのかな。そもそも県全体として大阪みたいに東京との対抗意識もないし、他と比べて優越感に浸ったり、逆に自虐的になったりすることも少ないみたい。

自虐性が武器の埼玉人としては、なんだかムカつくな（笑）。

それが自虐的っていうんだけど……。

extra info　県のプロモーションでも採用されているのが全国47都道府県を擬人化した作品『うちのトコでは』（もぐら著／飛鳥新社）に登場する兵庫県の5キャラクター。“違い”がズバリわかってオモロい！

歴史、気候が異なれば、当然ながら人間性も異なってくる。

神戸をはじめ、神戸、大阪に隣り合わせる阪神間を含む摂津は数多くの文化を受け入れてきた経緯から、異文化に対する排他性が低く、開放的かつ柔軟性が高いといわれる。西エリアの姫路を中心とする播磨は、播州《ばんしゅう》織やマッチ、そろばんなどの伝統的な〝ものづくり〟で栄えた歴史を持ち、やや保守的ながら剛毅なイメージ。文化的には広島や岡山の影響も強く、グルメや方言も独自性あり。

丹波は農村地帯が多く、地理的、歴史的に京都の影響が強い。そのせいか、どこか雅《みやび》でオシャレさん。古民家を改装したカフェなども増え、若い層の移住組も増加中。日本海に面した但馬は山陰地方の文化圏に入る。丹波・但馬の両エリアは豪雪地帯になる自然環境の厳しい地域で、東北人にも近い寡黙で辛抱強いキャラクターといわれる。

一方、淡路は島特有の開放性と閉鎖性も持ち、結束力が高い。文化的には四国や大阪の影響が強いとされている。

なかでも全国的に知名度、好感度が高いのが神戸ブランドを擁する摂津だが、だからといって他エリアがライバル心むき出しということはない。ただ、密かにそれぞれ〝おらが国〟びいき&らしさにこだわる一面も。「県民性って？」は、この地では愚問と心得よう。

北野・異人館街で安藤建築を探す

神戸や兵庫って、有名な建築家がつくった建物が多いかも。よく見かけたのは安藤忠雄さんの設計かな。異人館がある北野にもあったし、兵庫県立美術館、淡路夢舞台、六甲山でも「風の教会」が公開されてたね。

著名建築家がつくった公共施設って、どうもバブルのニオイを感じちゃうなあ。

箱モノにキビしい税理士！　でも安藤さんは、震災以降、建築家として神戸にどう貢献できるかを考えて建築や施設の設計に取り組んだんだって。

そうなんだ。

姫路城裏にあった黒川紀章さん設計のトイレ付き休憩所は、総工費2億円なんて話題になったらしいけど……。

記念に入っとくんだったな（笑）。

extra info　「六甲の集合住宅」は六甲山の斜面に建てられた安藤建築。傾斜地が活かされた建物になっている。ファッションデザイナーのコシノヒロコさんの旧小篠邸（芦屋）も安藤さんの設計。今はアートギャラリーになっている。

国の重要文化財として知られる「風見鶏の館」を始め、異国情緒を感じさせる建物が多く立つ神戸北野の異人館街。地元っ子にとっては、「坂が多くて疲れる」「うーん、あんま行かへんな~」な存在だったりするが、神戸のエキゾチック&ハイカライメージの象徴であることは間違いない。

そもそも北野町に異人館が誕生したのは、開港後の外国人増加により、治外法権が認められていた居留地が手狭になったことに端を発する。

こうして外国人と日本人が共存する雑居地が設定され、見晴らしのよい高台に欧米人らが住む異人館街が形成される。一時は時代の趨勢とともに次々と取り壊され、存続の危機に。だが、1977年、異人館街を舞台にしたNHKの連続テレビ小説のヒットにより一躍ブーム到来。80年には、伝統的建造物群保存地区の指定を受け、神戸のミックスカルチャーな風土を感じさせる貴重な観光資源ともなっている。

そんな歴史を辿りつつ、異人館をオシャレに巡るのもいいが、神戸マニアを目指すタビスミ隊のオススメは、関西の著名建築家・安藤忠雄さん設計の建物をチェックすること。

例えば赤レンガが特徴の「ローズガーデン」は、77年、北野で最初に建てられたもの。安藤さんの名を知られる契機になった、大阪の「住吉の長屋」を手掛けたのが76年なので、

初期の安藤建築の代表的作品だ。その他、「北野アイビーコート」「リランズゲート」など、コンクリートの打ちっぱなしや、中庭に多くの吹き抜け階段が設置された建物など、安藤建築らしい個性を目にすることができる。

また、この地の安藤作品を語る上で、1つのカギとなるのが95年の阪神・淡路大震災だ。関西出身者として震災後、「建築家としてどう神戸に貢献できるか」を考え、仕事に向き合ってきたと様々なインタビューで語っている。

その1つが兵庫県立美術館。防災拠点にもなっている「HAT神戸」内のなぎさ公園と一体化した形で文化の復興のシンボルとして開館。震災で亡くなった方を慰霊するためのクスノキが植えられた「鎮守の森」も併設されている。

その他、姫路の兵庫県立歴史博物館は丹下健三さんの手によるもの、西脇市出身のアーチスト・横尾忠則さんの作品が収蔵されている岡之山美術館も磯崎新さんの設計と、巨匠の建物がさりげなく並ぶ。街歩きしつつ、にわか建築ツウを気取るのもいい。

北野エリアの坂は予想以上に急で、夏場はヘトヘト汗だくだくになること必至です。ヒールの靴をはいた女子をデートで誘うのはケンカになるリスク大（笑）。ご注意！

姫路城の裏にも有名な建築家の建物があるんだって！
バブルの遺産ってやつか？
丹下健三設計　兵庫県立歴史博物館
おーー!! ガラスに姫路城が映ってる!!
見応えあるなー
安藤忠雄設計　姫路文学館
安藤建築らしいコンクリート打ちっぱなしだねー
黒川紀章設計　扇観亭
休憩所とトイレ
あ！これ知ってる2億円トイレだろ？総工費が
えーっホントにっ!?
…てかそういうのは知っているのね…
※真相のほどは不明です

たび活×住み活 15

ユニーク建築に〝神戸人気質〟を考える

海側の旧居留地あたりは、山側の北野とも違うオシャレ感があるよね。

それって旧居留地にいた外国人ブランドだろ。日本人、その手に弱いよな。

また皮肉言っちゃって！　旧居留地は欧米人がつくった街だけど、日本人が設計した建築物も多いの。震災後、独特の形で再建された建物も多いんだ。

そういや、海岸沿いに下だけ西洋風の奇妙な建物があったな。

シップ神戸海岸ビルね。震災後、元々の建物の外壁を保存しておいて、建て替えた高層ビルの低層階に張り付けたんだって。

そこまでして保存する？

神戸ならではの街並みを守る、ということだわりが強い土地柄なのかも。

extra info　洋館が並ぶ北野エリアには、屋根にシャチホコが乗っかったシュウエケ邸など和洋折衷の建物も。外国人と日本人が共生し、多様な文化が共存した雑居地らしさを感じられる。

「コレはオシャレなのか……」

　西洋風のレトロビルディングが並ぶ旧居留地で、ちょっと判断に迷う建物に遭遇する。シップ神戸海岸ビルだ。1918年、三井物産神戸支店として竣工。ルネサンス様式の建築物で、震災後、装飾が施された4階までの外壁のみを撤去・保管。15階建ての高層ビルに建て直す際、低層部のみに旧外壁を張り付けた、外側だけを残すファサード保存という手法だ。デザイン的にはちょっと評価が分かれるところか⁉

　もう1つ、元町商店街から西へ行った栄町通にも変わった（？）建物がある。

　関東人にも「あれっ、どこかで見たような……」と思わせる赤レンガのデザイン。東京駅を設計した著名建築家・辰野金吾さんにより、1908年、竣工した旧第一銀行神戸支店。震災後、その外壁だけが保存され、みなと元町駅として利用されている。

「神戸人は歴史がないゆえに、意外に保守的である」。『京都人と大阪人と神戸人』を著した丹波元《はじめ》さんは、同書でそう著し、震災後も街の中心の街並みは刷新するよりも、〝復元〟にこだわった、と指摘する。

　オープンな土地柄ながら、「神戸的街並みを守る」というこだわり、愛が深いお土地柄。歴史ある建物を辿りつつ、歴史が育んできた神戸っ子気質を考えるのも興味深い。

たび活×住み活 16

ブランド牛のルーツ＝但馬牛と心得る

神戸グルメの王様といえば、やっぱり神戸牛よね。

いやいやいや。まずキホンとして神戸牛っていう牛はいないんだ。元々、兵庫の但馬地方で育てられた但馬牛がルーツで、そこから厳しい基準をクリアした枝肉が神戸牛って認定されるんだ。ココ、大事なトコな！

やけに詳しいのね。

だって但馬が不憫じゃないか。自分たちが丹念に育てた牛が、神戸ビーフと名を変えられるなんて。なのに声高には主張しない但馬人は謙虚すぎる！　日本経済を支える中小企業の味方、税理士としてはそういう人たちを応援したい！

急にイイこと言っちゃって、熱でもあるの（苦笑）？

extra info　兵庫には他にも但馬牛由来の三田牛、丹波篠山牛、黒田庄和牛など各地飼料などに工夫をこらしたご当地牛がある。さすが牛肉文化。それぞれの味の個性を比べてみるのもいい。

美食県・兵庫でも、そのクオリティとウマさで海外にその名をいち早くとどろかせたキングオブグルメといえば、やはりコレだろう。

神戸ビーフだ。

地元っ子といえどそうそう口に入るものではないが、タビスミを極めるなら食べる前の勉強はマスト。開港の歴史とともに生まれ、世界的人気を誇るご当地グルメの成り立ちを、しっかり頭に叩き込んでおきたい。

まず、押さえておきたいのは「神戸ビーフとして生まれてくる牛はいない」ということ。食肉文化のなかった当時の日本、この地の牛肉のウマさを見出したのは開港とともに訪れた外国人だった。

提供されたのは耕作用に但馬で飼われていた使役牛。実は、元々、但馬牛は約７００年前の書物『国牛十図《くにうしじゅうず》』において、日本の銘牛の１つとして紹介されたこともある由諸ある牛だ。こうして「KOBE BEEFはウマい」という評判が外国人の間で定着していく。

国内でも肉食文化が広まっていった明治以降、評価が高まり、ニセモノを排除するためにも基準を設定。但馬牛の中でも肉質、きめの細かさなど、厳しい基準を満たした枝肉を「神戸ビーフ」（「神戸牛」）と認定。和牛の代表選手としての地位を得る。

実はめでたく神戸ビーフになれる牛は少なく、日本の牛肉の消費流通量の１％未満ともいわれる。他のブランド牛と比較してもはるかに厳しいハードルだ。

その素牛《もとうし》となる但馬牛も血統を重視し、但馬牛同士しか交配しない、枝肉になるまで県外に出さないなど、厳格な血統を守りつつ改良を重ねている。松坂牛など日本のブランド牛の大半が但馬牛の血統というのも、なるほどだ。

無論、謙虚な但馬人は声高に主張はしないが、〝神戸ビーフの生みの親〟としての静かなプライドは揺らぐことはない。

神戸ビーフは、欧米から台湾など23の国・地域に輸出先を広げ、近年の人気はうなぎのぼり。但馬牛の子牛価格も上昇し続け、輸出前は１頭平均50万円前後だったのが、２０１８年度には2倍の１００万円を突破。神戸ビーフの枝肉の価格も約2倍で推移している（農林水産省「畜産統計」）。

そこで手頃に神戸ビーフを味わえる逸品として、人気を集めているのが「神戸北野　旭屋精肉店」が手掛ける神戸ビーフコロッケ「極み」。

一時はあまりの人気ぶりに通販で十数年待ちとなり、販売が中断されたこともあった。だが、「待ってでも食べたい」というファンの声により、19年夏に販売が再開された。

人気の秘密は、最高級の神戸ビーフのなかでも厳選したA5等級の3歳雌牛のみをミンチでなく角切りでふんだんに使用していること。現在、5個2700円で販売。神戸ビーフの高騰とともに、価格アップの可能性もあり、今も約16年間待ちという「生きているうちに食べられるか」的、気の遠い買い物……。だが、肉自体の価格を考えればおトク感アリ！

今後の懸念材料は、県内の畜産農家が少子高齢化などを背景に減少していること。「神戸が誇る神戸ビーフ、ピーンチ！」。というわけで、県では畜産に新規参入する企業の支援に乗り出すという。良質な但馬牛を育てるのは、生易しいことではないが、日本が誇る和牛文化を盛り上げていくためにも、「我こそは！」という人・会社は畜産農家転身を検討してみる!?

そして、肉食男子・女子ともに神戸ビーフ、いや和牛ブランドを支え続ける「但馬」に感謝するべし。

但馬牛、神戸ビーフ、どちらも食べてみましたが、但馬牛も充分おいしいです。但馬牛、もっと知られてほしい。まあ、普段は「いきなり！ステーキ」のUS産肉食べてますが……。

元気な商店街・市場で買い物！

大阪もそうだけど、神戸・兵庫もアーケード街の商店街って多いな。

うん、神戸市内でも意外にベタな感じの商店街があるよね。

水道筋商店街だっけ、全国チェーンが少なくて個人店が元気だったよなー。

チェーン店で占領されてたり、シャッター街だったりする商店街も増えてるしね。

あれぞ本来の商店街の姿！〝水道筋エバンジェリスト〟と商店街グルメを楽しむツアーとかもやってるって。

エバンジェリスト？　急にスカしたニオイがするな（苦笑）。

そこは、やっぱりオシャレ番長KOBEだから（笑）。

extra info　阪急神戸線・春日野道駅から王子公園駅間の灘高架下も再開発が進み、従来の倉庫、駐車場、会社などに交じってリノベしたオシャレな店、工房、ゲストハウスなどが増えている要注目エリアだ。

関西のオシャレ番長・神戸人も、旧居留地や大丸や阪急、関西のセレブスーパー「ikari（いかり）」でいつも買い物をしているわけではない。やはり関西人としてコストパフォーマンスも気にするお土地柄。庶民の味方・元気な商店街も根付いている。例えば、8つの商店街と4つの市場で構成され、小さな個人店が軒を連ねるのが灘区の水道筋商店街。大正時代、西宮から神戸に水道管が通され、その上に道路ができ、街となったことに由来する。市内でも有数の一大ショッピング街だ。

チェーン店が少ないのが特徴で、細い路地に潜む名店を探し、迷いながら歩くのも楽しい。商店街から摩耶山《まやさん》を臨め、近くに川が流れるのも〝神戸っぽく〟て心が和む。

また、商店街をよく知る地元っ子（エバンジェリスト）が案内してくれる「つまみ食いツアー」や「水道筋裏ミシュランツアー」といったユニークなイベントも。新参者もこうしたイベントに参加すれば、地元民とのネットワークが広がること請け合いだ。

その他にも、昭和チックな雰囲気を残しつつ、新たな客層を呼び込むべく様々な仕掛けを実践している御影《みかげ》の御影市場・旨水館《しすいかん》、イベントの〝丸五《まるご》アジア横丁ナイト屋台〟が人気の長田区・丸五市場など、〝市場〟という名の商店街が残るのもこの地ならでは。

ハイカラもベタな昭和も味わえるのが、意外にも〝庶民都市〟な神戸の魅力なのだ。

住み活×たび活 18

消費額1位のパンの実力を知る

市場メシ、中華、食堂もいいけど、そろそろ王道！　神戸らしいオシャレなパン屋さんでモーニングしよう！

そう言い出すと思って調べといた。「コム・シノワ」。フレンチシェフがつくる完全無添加でイートインもOK。おっ、開店前から行列してるぞ！

ふー、ギリギリ入れてよかった。

しっかし、種類多すぎて迷うなあ。

どんだけ優柔不断！　私、ヨーグルトパンのフムスと野菜のサンドイッチにする。即断即決。

だって、クロワッサンも食べたいし、クリームパンも超ウマそうだし……。

そのチョイス、迷い方って……。女子なの？　お子さまなの？

extra info　眠気覚ましに1本！　缶コーヒー文化を庶民に根付かせたのが神戸創業のUCCコーヒー。瓶入りコーヒー牛乳にヒントを得て、世界初の缶コーヒーを発明したという。先見性あり！

3万7951円で全国1位！　コレ、パンに対する神戸人の年間平均支出額（2016～18年平均。都道府県庁所在市及び政令指定都市比較）。同じくパン大好きエリアの関西圏、京都や大阪と競いながら（それぞれ2位、3位）、常にトップクラスを維持している。

しかも数量では別エリアに上位を譲りつつ、部門別の食パンでも消費額で1位（他のパン部門では京都が1位）と、本物志向をうかがわせるところが神戸らしい。

無論、ゼニカネの話だけでなく、背景にある歴史も極めて神戸らしく由緒正しい。1868年の開港翌年には居留外国人のためのベーカリーが開業。1905年には、この地で印刷業を営んでいた藤井元治郎さんが三菱重工神戸造船所ができると聞きつけ、外国人技術者のニーズを狙って兵庫区に「藤井パン」を開業する。

それが後の「ドンク（DONQ）」だ。ちなみに同社ホームページによると、ドンクの名は3代目藤井幸男さん（現名誉会長）の義兄の「ドン・キホーテとしてはどうだろう」という一言が発端となったとか。「夢と現実を混同して、やせ馬にまたがり、突進を繰り返すスペインの小説の主人公ドン・キホーテと、大きな夢を抱き、ややもすると猪突猛進しがちな藤井幸男の気質を重ね合わせた」という。

また、フランスパンをこの地に伝え、後に「ビゴの店」を開いたフィリップ・ビゴさん

も、元はドンクで技術指導に当たった人物。全国チェーンの「ジョアン」も、ドンクがフランスのパン職人、ローラン・ジョアンさんとともに立ち上げたブランドだという。神戸の息がかかった有名メーカー、意外に多いねんな。

その他、ＮＨＫの朝ドラ「風見鶏」のモデルとなり、教会を改装したインテリアも人気の「フロインドリーブ」（故・吉田茂首相宅に毎日、パンを配送していたとか）、その流れをくむ岡本の「フロイン堂」、山型の食パン〝山食〟にこだわり、市からパン部門初の「神戸マイスター」に認定された「イスズベーカリー」など歴史ある老舗店が多い。

神戸市内だけでも１３０軒超のベーカリーがひしめく激戦区だけあって、地元っ子は、それぞれ贔屓のパン店を持つ。「食事用には○○」「子ども用には△△」とシチュエーション別に使い分けするこだわり派も多い。

おいしいパンがあれば、ウマいコーヒーを飲ませる喫茶店も目立つ。実は喫茶代に使う金額は喫茶王国の岐阜、名古屋、首都圏の東京と横浜に次ぎ、神戸は全国で5位。元祖ハイカラ都市として、いち早く本格コーヒー文化が根付いた地でもある。

たとえば、神戸元町には日本最古の珈琲店ともいわれる「放香堂」、外国の船員向けに関西発のサイフォン式コーヒーを手掛けたという喫茶店「エビアン」がある。「エビアン」

の店内はどこかクラシカルで、長年通う常連客が店員らと談笑する雰囲気もいい。コーヒーのお供、シフォンケーキも人気だ。

また、神戸発祥の「神戸にしむら珈琲店」のコーヒーカップは有田焼で、水は神戸が誇る宮水（P85）を使用。今は一般客向けに開放された北野坂店は、元々は日本初の会員制喫茶だった。店内のインテリアや雰囲気はシックという言葉がピッタリ！

「焼き立てのパンをフロインドリーブで買って、（トアロード）デリカテッセンでハムを三百グラムばかり包んでもらい、にしむらで珈琲を飲んでぼんやりする。これができれば最高の休日である」（カッコづけは筆者）。

大阪に生まれ、神戸にも長く住んだ小説家・田辺聖子さんは自著（『歳月切符』）にそう記している。田辺さんに倣い、たまにはゆったり〝神戸らしい朝〟を楽しみたい。

特に元町の商店街あたりは古き良き喫茶店が多いんですよね。１９６０年創業の「元町サントス」は鉄板で焼いてくれるホットケーキも、こんがり、ふっくらおいしかったです。

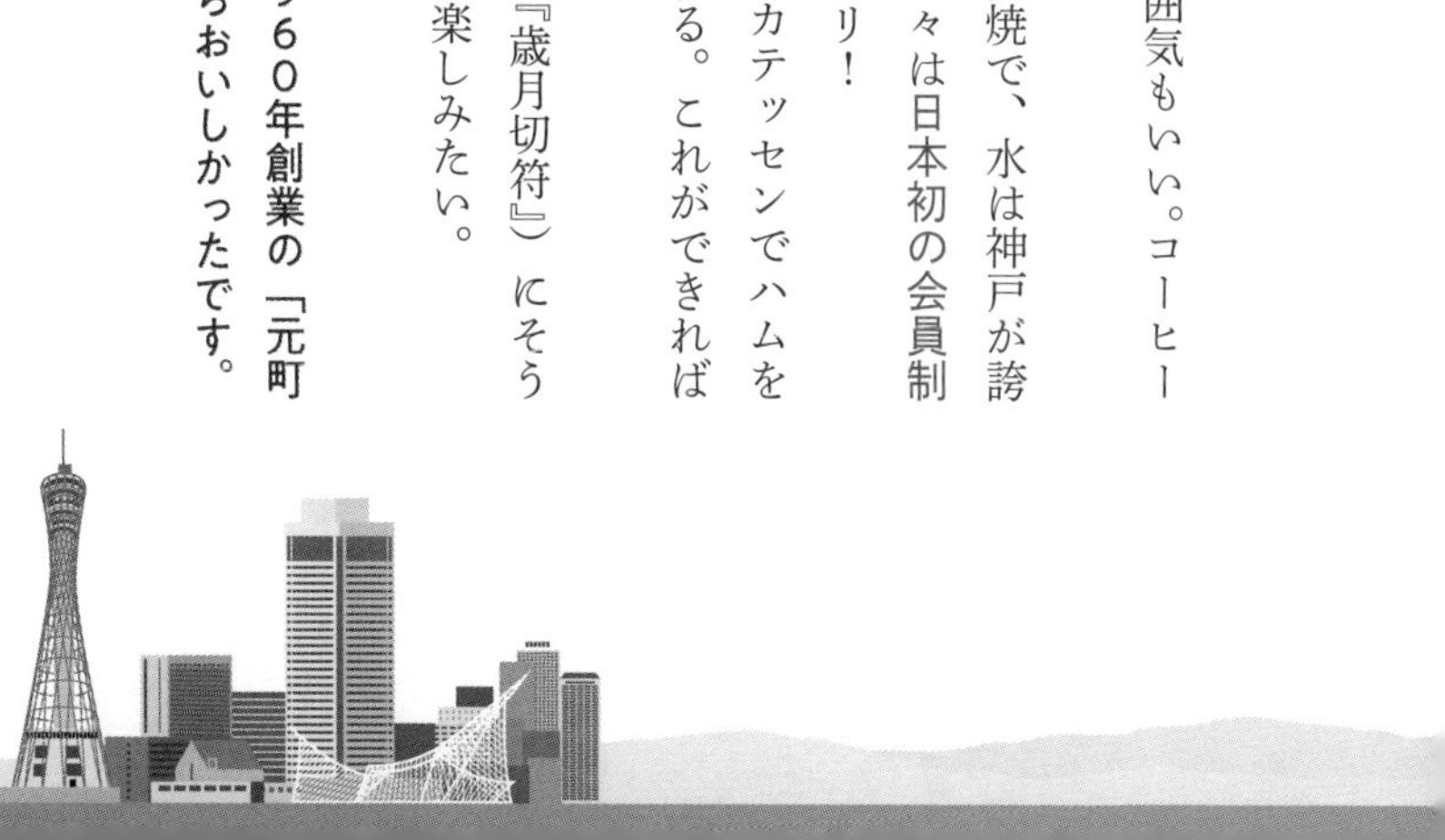

たび活×住み活 19

土曜朝は「ファーマーズマーケット」へGO！

ココがファーマーズマーケット？

うん、毎週土曜、神戸市の農家さんやその他、生産者が出店してて、地元の野菜や手づくりソーセージ、パンなんかも買えるんだって。

神戸って農業のイメージないけどな。

意外に農産物の生産量が政令指定都市の中でも多いんだって。六甲山の向こう側の西区や北区は無農薬にこだわった生産者も多くて、兵庫県全体でも淡路島の玉ねぎとか、丹波の黒大豆、果物のいちじくなんかは生産量もトップクラスなんだ。

ふーん。それにしても、地方でよく行く朝市と違って、このマーケット、オシャレだな。ロハスに無縁なオッサンは場違いじゃね（苦笑）。

extra info　神戸市北区には江戸時代、農民が娯楽として楽しんだ農村歌舞伎の舞台が数多く残る。上方の浄瑠璃師などが流れてきたといわれ、北区の「下谷上の舞台」は国の重要有形民俗文化財に指定されている。

同じ神戸市でも、六甲山を越えると港町・神戸とは見える景色が一変！　六甲山と海に挟まれた細長いエリア、いわば〝狭義の神戸〟に対し、山向こうの西区、北区は住宅街を過ぎれば自然豊かな農村が広がる。消費地に隣接して農業が盛んに行われているのも自然豊かなこの地の特徴。神戸市では人や環境の安全に配慮して作られた野菜を「こうべ旬菜」に認定。学校給食にも取り入れるなど、地産地消を進めている。

こうした地の利をもっと活かすべしと、２０１５年から市が中心になって進めているプロジェクトが「EAT　LOCAL　KOBE」。

その一環として、神戸・三宮の東公園で、毎週土曜朝に開かれているのが生産者による直売市「ファーマーズマーケット」だ。公園内の並木広場に軽トラックやテントが並び、つくり手の顔を見ながら、野菜や手づくりの惣菜、スイーツ、パンなどを買うことができる。朝市といっても、売り手も買い手もどこかオシャレ。うーん、神戸、ズルいぞ！

実は兵庫県全体で見ても、野菜以外にも温暖で晴天の多い気候を活かしたカーネーションなどの花の栽培、肉用牛に加え、鶏卵、肉用鶏などの畜産業も盛んだ。

住むならば地元で新鮮・安全な食が実現できるかもポイント。都会と農村のいいところ取りで、肩肘張らずに〝お気軽地産地消〟ができるのも魅力なのである。

ミスター・ラグビー平尾誠二について知る

ラグビーワールドカップでは神戸も盛り上がってたね。「ファンゾーン」に平尾誠二さんの展示エリアがあったけど、キミ、平尾さんの現役時代から、ラグビー観てたんでしょ。

うん、神戸製鋼って平尾が入る前は弱かったんだよな。それが平尾が入って主将になった年に新日鉄釜石の8連覇を阻止して、その後、7連覇。まあ、オレはどちらかといえば釜石のスター・松尾（雄治）派だったけど。

ドラマの「スクールウォーズ」も観てたんだっけ。平尾さんもモデルになってるんでしょ？

そう、今でも全部のシーン、セリフ、確実にソラで言えるなー（笑）。

80年代ドラマとなると暑苦しいぞ。

extra info 平尾さんが眠る墓は、JR新神戸駅近くの霊園にある。お墓に書かれた文字は自筆の"自由自在"。平尾さんが描いたラグビーの理想形、選手の自主性を重んじるスタイルが今の日本の快進撃につながっている。

2019年、日本に大旋風を巻き起こしたラグビーワールドカップ（W杯）。会場となった神戸にも多くの国内外の〝にわか〟も含めてファンがかけつけたが、メリケンパークに設けられたファンゾーンで、試合に加えて多くの人々が熱心に見入ったエリアがあった。ミスター・ラグビーといわれた故平尾誠二さんの展示コーナー「平尾誠二フィールド」だ。ベイエリアの神戸らしい会場の一角に飾られたパネルの写真は、どれも俳優か、モデルかと見まがうほどフォトジェニック（実際に、ファッション誌にモデルとして登場したことが当時のアマチュア規定に抵触し、日本代表を外されたことも）。

もちろん容姿に加え、その実力はミスターの名にふさわしく華麗だ。京都・伏見工業3年の時に全国制覇を果たし、同志社大学では史上初の大学選手権3連覇。神戸製鋼では1988年、初の日本一に貢献。当時の王者・新日鉄釜石と並ぶ日本選手権7連覇を果たした。W杯には第1回から3大会連続出場。日本代表監督も務め、今回のW杯誘致・運営にも尽力した。だが、ラグビーの神様も病には勝てなかった。享年53歳。

平尾さんのW杯開催に向けての功績は多くのメディアが報じているが、例えば今回、日本代表の指揮官、ジェイミー・ジョセフHCや、全世界を驚かせたフォワード陣を率いたスクラムコーチ・長谷川慎さんを選任したことは大きい。

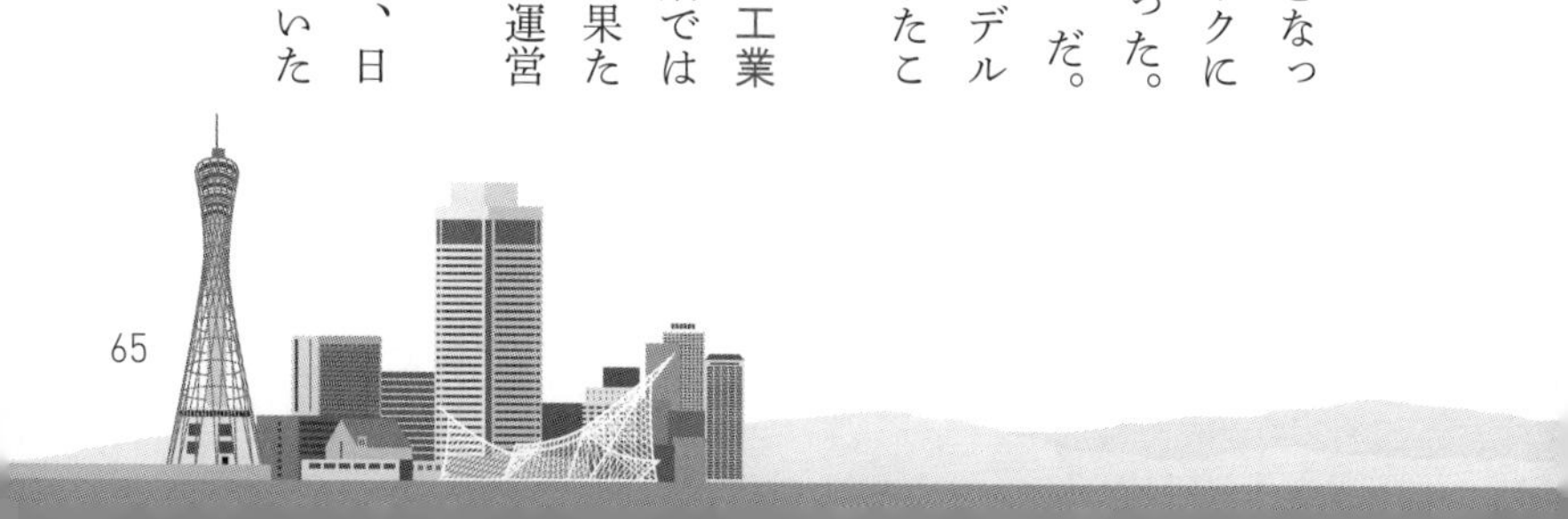

加えて、「ボールを持った者が、自由奔放にいろんな判断をすればいい」という〝自由なラグビー〟、そして〝楽しいラグビー〟を理想としたのも、平尾さんが先駆けだった。同時期、新日鉄釜石で活躍した松尾雄治さんは、読売新聞のインタビューでそう語っている。

そして、80年代に第一次ラグビーブームともいえる旋風を巻き起こしたテレビドラマ「スクール・ウォーズ」。そのモデルとなったのが、平尾さんがいた時の伏見工業ラグビー部だ。

当時、このドラマでラグビーのおもしろさに魅せられ、ラグビーを始めた人は多い。年代的には今の指導層、あるいは往年のファン層あたりか。彼らの存在が今回のラグビーブームを巻き起こす一助になったことは間違いないだろう。

18年、神戸製鋼ラグビー部・コベルコスティーラーズはトップリーグ決勝で勝利し、名門復活を遂げた。ココから再び神戸製鋼の黄金時代が到来するのか。今回、奇しくも平尾さんの命日に南アフリカ戦に惜敗した日本代表の２０２３年・フランス大会でのベスト4入りも期し、見守っていきたい。

実は一度だけ取材で平尾さんにお会いしたことがあります。ラグビーに疎く、「スポーツ選手で、こんなにカッコいい人がいるんだ」と。もっと色々話せればよかったなー。

ラグビーを題材にした
80年代の青春ドラマ
「スクール・ウォーズ」
スクール★ウォーズ
2019年
ラグビーW杯効果で
DVDが空前の
リバイバルヒット☆
モデルとなったのは
京都・伏見工業
ラグビー部
落ちこぼれ弱小チームが
元ラグビー日本代表選手の
監督・山口良治さんの
もとで
花園で全国制覇
するまでを描いた
伝説の熱血ドラマ
不良生徒大木大助の
モデルが、同志社大で
平尾と共に戦った
大八木で
のちに
主将になった
平山誠のモデルが
平尾なんだぜ!!
よし!見るぞ!!
平山役の四方堂亘も
カッコいいけどやっぱ
私、松村雄基派かな〜
うううううっ
イッイッ
イソップウ〜
〜〜〜〜!!
イソップ〜〜
青春ドラマを
見るといつも泣く
オッサン……

＊イソップ＝途中で病死するクラスメートのあだ名

たび活×住み活 21

川の流れに癒され、水害の歴史を知る

滝もいいけど、やっぱりオレは川派だな。県内色々回ったけど、どこも街の中心部に流れる川が予想外にきれいなのは新しい発見だったなー。

キミ、全国どこに行ってもホントに川が好きね。確かに東灘区の住吉川とか、川で遊んでる子どもがいっぱいいてほっこりしたね。場違いにはしゃぐ川好きオッサンひとり（笑）。

でも、これだけ街なかを流れる川が多いと、最近、増えてる台風とか大雨の水害も心配だよな。

実は明治期から昭和13年にも600名超が亡くなった阪神大水害など水害が起こってるんだよね。その経験を踏まえて河川の改修や六甲山系の砂防なんかが行われてきた歴史もあるんだ。

extra info　元町駅と神戸駅の中間にある商店街「メルカロード宇治川」も、大倉山の東側に流れる宇治川の下流を暗渠化してできたもの。宇治川は、元は「雑居地」の西側の境界線だった。

住宅・市街地にあっても神戸・阪神間には清らかな川が多く目につく。川のせせらぎに癒され、無邪気に遊ぶ子どもたちの姿も心を和ませてくれる。

ただし、昨今、相次ぐ大型台風、大雨などの異常気象で川の氾濫による水害が多く起こるようになった。第二の居場所を探すなら、その地の治水についても知っておきたい。

神戸・阪神間の川の場合、六甲山系を源に海に注ぐため、勾配に沿って流れが急で山からの土砂が川床に堆積しやすい。よって川底が平地より高い天井川が多いため、いざ大雨が降ると氾濫しやすいのが特徴だった。

歴史的に何度か水害に遭遇したこの地の河川改修の特徴の1つが河川を暗渠《あんきょ》化した地下河川が多いこと。川にフタをするやり方で、元町にある道路、鯉川筋が該当する。流れを変える〝付け替え〟も多く行われ、住宅地内で川幅を広げられない場合、新しいバイパス河川を〝せせらぎ〟としてつくり、目や耳に優しい整備も進めている。

この地の川は、かつて外国人の居住・交易用の居留地を区切る役割を果たしたり、洪水被害が多かった旧湊川の付け替えにより生まれた街・新開地が、「東の浅草、西の新開地」といわれるほどに栄えたりと、開港以来の歴史を語るものでもある。

流れる川、外からは見えない川、川がつく地名などの背景を探るのも興味深い。

〝かつめし〟で ビフカツ文化を満喫

東京でも最近、牛カツ専門店って増えてきたけど、こっちはどこでもフツーに見かけるな。

そもそも関西が牛肉文化なんだよね。

肉じゃがも牛肉でつくるのが普通だし。

カツも東京みたいに「まずは塩で食べてください」的な気取りのない、ソースたっぷりな庶民風がイイ！

加古川市の名物、かつめしの店「本家かつめし亭」も、地元の人でいっぱいだったね。

でもレイコって、〝揚げ物ソース系〟ってあんまり得意じゃないよな？

意外にイケたわ。添えられてたゆでキャベツが名脇役で、おいしかった！

肉よりソッチかよ！

extra info　加古川は「棋士のまち」でもある。人口約27万の市に井上慶太九段など、ゆかりのあるプロ棋士が5人。若手棋士対象の公式棋戦「加古川青流戦」なども行い、町おこしにつなげている。

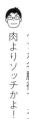

かつめし。

そんな潔いご当地グルメが根付く地が兵庫にある。播磨エリアの加古川だ。

昭和20年代、加古川駅前にあった食堂が発祥といわれ、B級グルメブームに乗って登場した新参者とはワケが違う。由緒正しきメニューだ。

その名の通り、皿に盛ったご飯の上にビフカツをのせて特製のタレ（デミグラスソース）をかけたもの。とんかつのように千切りキャベツではなく、ゆでたキャベツを添えるのもポイントだ。

加古川市内周辺でかつめしを提供する店は100店舗以上あるといわれ、店によってもタレの味に違いがある。地元で人気の「本家かつめし亭」のようにキャベツやタレの増量（デミダク）がオーダーできる店があるのも楽しい。

神戸市の洋食店でも、ビフカツは人気メニュー。こちらも気取りなく、デミグラスソースをドバッとかけたスタイルが一般的。ご飯お代わり自由といった大衆的な店も多い。

この地の肉グルメといえば、神戸ビーフが真っ先に頭に浮かぶが、コチラは地元っ子にとっても高嶺《たかね》の花だ。

手軽に関西の牛肉文化を楽しむならば、まずはビフカツからデビュー！　がオススメだ。

「フツーはこう読まない」地名をマスター

えーっと、皿にのったそばを食った町、出石って何て読むんだったっけ？ でいし、じゃなくて……。

「いずし」ね。キミ、何べん間違えるんだか(笑)。

だって兵庫、「フツー、こう読まないだろ」って地名とか駅名が多いよな。朝来は「あさぎ」だし、柏原は「かしわばら」、新井は「あらい」だろ。

全部不正解だけど確かに読めないわよね。

三田も東京人は絶対「みた」だよ。三田といえば名門・三田学園野球部出身の元巨人、淡口が有名だけど、みたがくえんだと思ってたな。

えーっと、地名の前に……ソレ誰？

(＊読み方の正解は本文参照)

extra info　扇がクロスしたような神戸の市章は、兵庫と神戸の2つの港が扇を並べたような形をしているという理由で「扇港」とも呼ばれていたことと、神戸の旧かな遣い「カウベ」のカの字を図案化したものだ。

出石、朝来、新井、柏原、養父――いずれも兵庫県内の市・町・駅名だが、何と読むのが正解か？　答えは「いずし」「あさご」「にい」「かいばら」「やぶ」。いずれも漢字単体は難解ではないが、「フツーはそう読まないよね」のクセモノ？　ぞろいだ。

先の町名・駅名はいずれも但馬エリアのものだが、丹波エリアでも丹波篠山は「たんばしのやま」ではなく、「たんばささやま」と読む。

完全な難読市名が宍粟《しそう》市。同市商工会女性部では、宍粟市をより多くの人に知ってもらうべく無農薬栽培の宍粟産青しそ、赤しそを使った「しそしろっぷ」を開発。ダジャレ作戦（？）で知名度アップに取り組む。トリッキーな町名も多く、三田は「さんだ」、加古川の別府町はべっぷではなく「べふ」という。「ああ、あの温泉で有名な？」などと言って、別府の町民を悲しませることのないようにしよう。

そもそも神戸は、生田神社に税を納める家のことを「かんべ」と呼んだことに端を発し、旧かなづかいの「カウベ」が神戸に音便化したといわれる。兵庫は、大化の改新の際、現在の神戸市兵庫区に兵器を格納する倉庫＝兵庫がつくられたことに由来する（諸説あり）。

ちなみに先に挙げた三田《さんだ》学園は、往年の野球ファンの間では多くのプロ野球選手を輩出したことで知られる。こちらも読み方を間違えないよう注意したい。

電車の音を聞きつつ高架下で一杯

神戸の高架下に並ぶ店ってごちゃごちゃしてるけど、なんか魅力あるよね。

オレは広々して静かな店のほうが好きだけどな（笑）。でも「金盃森井本店」っていう老舗の居酒屋はよかったね。

キミが「きずしって寿司？」っていう関東人らしいミスをしたとこね（笑）。

魚の酢締め、な。鯛のきずしは初めてだったけど、ウマかった。

かつては外国の船員さんなんかが大勢押しかけて、英語で接待してたこともあったみたいよ。港町ならでは、ね。

元町駅高架下の「丸玉食堂」も店構えは渋かったけど、春巻きがウマかったな〜。

元町駅高架下、モトコーね。耐震化工事で立ち退きが進んでるみたいだけど、独特の雰囲気がなくなるのは寂しいな。

extra info　「丸玉食堂」の名物が湯葉で巻いてカラっと揚げた独特の春巻きと、あんかけ卵とじ麺のローメンなるもの。店内はアジアの食堂風。決してオシャレでないがウマい！　ぜひ存続してほしい。

ゴーッと上を走る電車の音をBGMに、揺れを感じながら飲む酒もまたウマし！

オシャレ神戸シーンの裏の顔ともいえるのがJR三ノ宮駅から元町駅間に続く三宮高架下（ピアザkobe）、および元町—神戸駅間の元町高架下（通称モトコー）だ。

新旧入り交じる小バコの飲食店、立ち飲みの店、雑貨店などが並ぶが、ピアザkobeが若者向けのショップが多いのに対し、モトコーは猥雑な雰囲気が魅力だ。

「1番街」から「7番街」まで7区画に分かれて広がる細長いモトコー商店街は、西に行くほどにディープさを増す。戦後の闇市が起源になっており、かつては世界に誇るメイド・イン・ジャパンを求める異国の船員や観光客で大にぎわいだったという。

神戸の古き良き時代を伝える貴重なエリアだが、ココで問題が。JR西日本が進める高架橋耐震化補強に伴い、モトコーを中心に高架下テナントの撤去が進められている。すでに1番街から西に行くほどにシャッターを下ろした店舗が増加。工事は着実に進められている。

モトコー、パイ山など神戸的風物が消えてしまうのは時代の趨勢とはいえ、ちとサビしい。JR西日本は新たな商業施設を建設予定だが、ハイカラ番長として新旧、和洋入り交じった今の雰囲気を活かした〝粋〟な開発をぜひ。

たび活×住み活 25

餃子の味噌ダレ食べ比べ

普段なら、わざわざ餃子食べるのに行列なんかしないけど、今回は並んだな！。

餃子は酢とこしょうでシンプルに食べるのがわが家の定番だったけど、真逆の濃い目の味噌ダレ、レイコ、実は苦手だったんじゃない？

いやいや、タレは濃いけど餃子はあっさり。東京なんかで人気の肉汁ジューシーな餃子と違って、味噌ダレとの相性を考え抜かれた餃子って感じだった。

確かに人気の「ひょうたん」の具は野菜中心だったもんな。

神戸はあの「王将」も味噌ダレ置いてるって。まだ食べ比べの余地ありそう。

もう十分並んだし食べたし、餃子はしばらくいいよ（苦笑）。

extra info　本文でも紹介する「餃子の王将」の中でも神戸御影店は“王将最強説”アリ。天津飯のだしがおいしいと、ファンの間では有名。わざわざ県外から“御影店詣で”をする人もいるとか。

餃子の本場、中国では餃子はおかずではなく主食として食べるのがデフォルトだ。餃子を食べられる店も専門店に限定。日本のようにラーメン店や居酒屋などでの脇役的ポジションはありえない。

その観点でいうならば、神戸は本場に負けない餃子王国といえようか。

オシャレ神戸にあって、餃子以外のメニューはビール程度といったハードボイルドな店も珍しくない。

ただし、中国が水餃子がスタンダードなのに対し、そこは日本流で焼餃子がメジャー。タレは酢醤油やラー油ベースではなく、日本の伝統食、味噌ベースのタレで食べるのがご当地流だ。発祥は昭和26年創業の南京町「元祖ぎょうざ苑」。同店ホームページによると初代が旧満州にいたころ、移住した日本人たちが望郷の念から現地流の赤酢や黒酢を使わずに、家では味噌ダレで食べていたのを再現したとか。まさに和洋折衷ならぬ〝和中折衷〟。ミックスカルチャーな神戸らしい餃子が食べられる。

ただし、店舗で食す際にはいくつか注意点がある。

1つが先にも挙げたように、メニューは餃子のみという店もあること。人気店の「赤萬」や「ひょうたん」がそうで、店に入ると「何人前にしましょう?」と即座に聞かれる。

白飯もないので、「ライス、大盛りで！」などという初歩的なミスをしないこと。「赤萬」は1人当たり2人前以上が基本。同じく人気店「ぎょうざ大学」も1人＝2人前以上で、後からの追加注文なしがルールなので注意したい。

2つ目が、味噌ダレと一口に言っても、店によって製法が異なること。タレの味にフィットするよう、店によって餃子のスタイルも異なる。

例えばひき肉の入った濃厚赤味噌ダレの「ひょうたん」は餃子はあっさり。だし＋合わせ味噌系のタレが特徴の「赤萬」の餃子はやや肉汁ジューシー系だ。

また、味噌ダレと一緒にテーブルに置かれた醤油や酢、ラー油などをどう混ぜるかはお好み次第。こだわりの強い神戸っ子に倣って、餃子が焼けるまで、ビールでも飲みながら、皿でねりねりと好みのMY味噌ダレをつくり上げるのも楽しい。また、「元祖ぎょうざ苑」はラー油を置かないなど、調味料にもこだわりがある。

3つ目はシチュエーションを選ぶこと。ハードボイルド系の店は、基本、カウンターと小さめのテーブル席があるぐらいで店内は狭い。決してオシャレではなく、行列ができているので長居も無用。会話を楽しみたい初デートなどで使うのはヤメておくのが無難だ。

ちなみに全国チェーンの「餃子の王将」も、神戸では味噌ダレを置いている店舗が多い。

卓上になくても店員に言えば出してくれることも。
味噌ダレの配合、餃子とのマッチングも色々試して好みを追究したい。

肉汁ジューシー系が苦手な私は、あっさり系の「ひょうたん」がツボでしたが、相方はピンと来なかったみたい。まあ、意見が合わないのはいつもですが（笑）。自宅用味噌ダレも市販されているので、ベストマッチなわが家の餃子レシピを工夫してみるのもいいかも。

神戸の餃子あれこれ
元祖ぎょうざ苑
1951年創業の老舗
味噌ダレ発祥の店といわれている
神戸牛入り
焼餃子
ひょうたん
餃子オンリー
ライスもなし
厚みのある皮で
フカフカ・あっさり
逆にタレは濃厚な
肉々しい赤味噌
タレだけでお酒が飲める(笑)
赤萬
ぎょうざ
専門店
赤
萬
いつも行列の人気店
注文は2人前から！
赤萬のおすすめタレは
味噌ベースに
ラー油+酢+しょう油

小バコ×隠れ家を探索

海寄りの乙仲・海岸通は海運関係の会社が多くあって、もうちょっと西に行った栄町通は、銀行や証券会社なんかが立ち並んでて「東洋のウォール街」って呼ばれてたらしいよ。

北海道の小樽にも「北のウォール街」とか呼ばれてた場所があったな。どっちも国際貿易港で金融機関が多く置かれたというわけか。

うん。今も一見、昔ながらのコンクリートビルが並んでるけど、実は中を上手にリノベして、小さな雑貨店とかカフェなんかがテナントで入ってるんだ。

ふーん、信州本の取材の時は古民家をリノベしたカフェをよく見かけたけど、リノベのスタイルも土地柄が出るな。

extra info　三宮には舶来雑貨店の元祖といわれる「ミッチャン」なる店がかつてあった。一定年齢から上の神戸っ子からは、「ココでインポートモノの雑貨やお菓子デビューをした」という声も聞かれる。

神戸・三宮、元町・旧居留地、高架下などに加え、海側にも〝神戸っぽい〟買い物ゾーンがある。栄町・乙仲・海岸通り付近だ。

栄町通は明治・大正期、銀行や証券会社などが立ち並び、「東洋のウォール街」と呼ばれた歴史が残る。また、乙仲《おつなか》・海岸通も元は海運関係の社屋が立つエリアだった。

今もどこかレトロな雰囲気を漂わせるコンクリートビルが並ぶが、中に入れば別世界。輸入モノのアクセサリーや、乙女系雑貨などを販売する小さな店が数多くテナントとして入っている。人気カフェも点在し、元々のビルの雰囲気を活かしてリノベーションを施し、小さな看板を掲げたさりげない雰囲気が神戸っぽい。

こうした神戸的センスは、開港以来、〝舶来モノの鑑定人〟として培ってきたＤＮＡともいうべきか。神戸に関する多くの著書を持つ陳舜臣《ちんしゅんしん》さんは、その〝鑑定の基準〟として、〝おもろいか、おもろくないか〟。「～伝統の尺度がない以上、個人の実感にたよるほかなかった」のが神戸らしさ、と指摘している。

東京のようにトガり過ぎず、大阪のようにベタでもなく、京都のように敷居も高くない。全国チェーンの店もいいが、軽やかにオーナーの個性が光る〝おもろい〟小バコの店をぜひ探すべし。地元のネットワーク、この地の楽しみ方もグンと広がるはずだ。

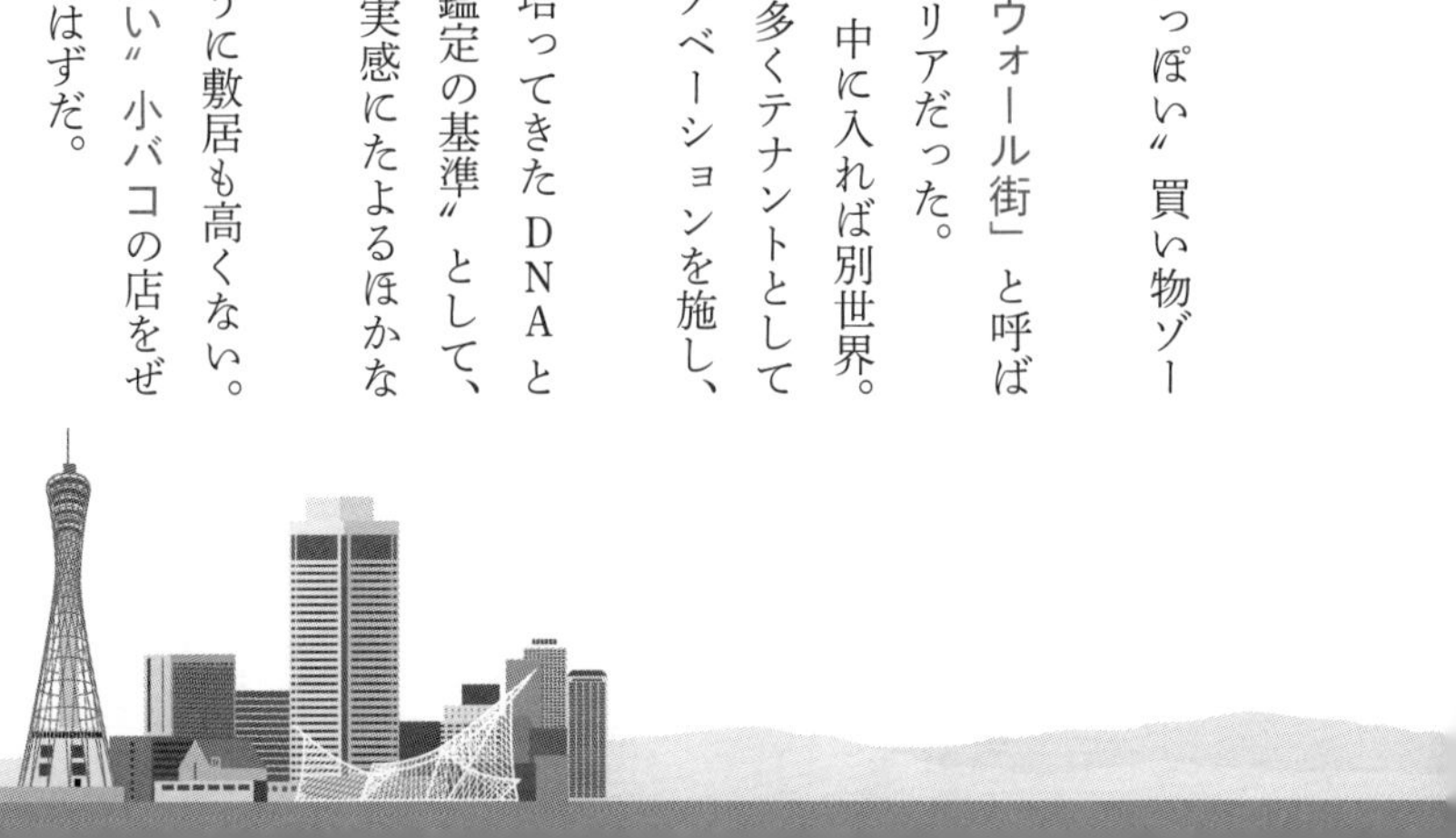

えべっさんで福男気分を味わう

陸上部出身の元ランナーのはしくれとしては、西宮神社の〝赤門〟、ちょっと気分アガるー。

ココが、年明けに〝福男選び〟競走をやってる神社？

うん、最近は全国ネットの情報番組なんかでも中継されてるけど、元々はれっきとした神事で江戸時代に始まったんだって。ココが難関のカーブかー。

時々、転んでるヤツがいるとこ？

カーブのコーナリングと最後の本殿に上がる坂が難しいのよね。

どんだけ福男選びマニアなんだよ。

せっかくだから門の所から試走してみる？

絶対ムリ、ヤだ！

extra info　神戸の中心街、三宮の名前の由来は、三宮に鎮座する三宮神社。三宮神社以外にも一宮～八宮神社があり（現在、六宮神社と八宮神社は合祀）、「厄除八社」として八社巡りをする人も多い。

福の神、えびす様をお祀りする、関西でいう「えべっさん」。全国に約3500社あるなかでも権威ある総本社が西宮市の西宮神社だ。

えびす信仰の信者をはじめ参拝者が多く訪れ、初詣の場所としても地元でおなじみだが、1月10日の年1回、走り自慢が集結する〝レース〟が行われる。「福男選び（開門神事福男選び）」だ。

午前6時、通称・赤門と呼ばれる表大門が開かれると、外で待っていた参加者が一斉に230メートル離れた本殿を目指し走り出す。めでたく1～3位につけた走者がその年の〝福男〟として認定され、認定証、御神像、副賞の米俵、ハッピなどが授与される。

近年、テレビなどでもおもしろおかしく中継されたりするが、実は1月9日～11日に開催されるお祭り「十日えびす」のれっきとした神事の1つ。宵えびすと呼ばれる1月9日、〝居籠《いごも》り〟といって、深夜12時にすべての神門が閉ざされ、神職は身や心を清める。午前4時の十日えびす大祭を執り行い、午前6時に開かれる表大門（赤門）から、先を争うように町の人が参拝していたのが発端だといわれる。

「福男選び」は門に近いエリアは抽選制だが、参加自体は誰でもOK。時節柄、正月太り解消も兼ねて参加するのもいい。ただし、運動不足の中年は張り切り過ぎにはご注意！

日本酒発祥の地？生産量1位の謎を探る

日本酒の酒蔵巡りしようって、本当は単なる試飲目的なんだろー？

いやいや、実は兵庫は日本酒の生産量で日本一なの。〝灘五郷〟といって歴史ある酒どころの現場を見なきゃ。

へー、1位とは意外だな。でも兵庫の酒って大衆酒のイメージだけど。

いつもハイボールしか飲まないくせに。灘の酒は男酒といって力強いキレが特徴なの。私も男酒派だなー。

オッサンかい。でも蔵の年表見たらあの灘高設立にも関わってるんだね。

あと、忘れてならないのが酒づくりの杜氏。丹波杜氏といって丹波篠山の職人さんが灘の酒づくりを担ってきたの。

神戸牛の生みの親、但馬に続き、丹波も〝縁の下の力持ち〟なんだなー。

extra info　瓶が普及する前は、酒は樽に入れるのが普通だったとか。結婚披露宴などお祝い事で見る樽酒の鏡開きは、武士が出陣の際、自兵を鼓舞するために樽から酒をふるまったのが発祥という説がある。

日本酒の生産量日本一！　酒蔵の数では酒どころとして知られる新潟が1位だが、製造量では2位の京都と合わせて全国の約50％がこの兵庫で生産されている。ハイカラさんでありながら、実は〝和〟もイケるんである。

なかでも、売上でも上位を占める名門メーカーが位置するのが〝灘五郷《なだごごう》〟と呼ばれる酒どころ。神戸市灘区、東灘区、阪神西宮に広がる西郷、御影郷、魚崎郷、西宮郷、今津郷だ。

なぜこの地に集中しているのか。ポイントは大きく2つある。1つが、日本酒の味を左右する酒米、水、気候風土に恵まれていたこと。兵庫は酒米の王様「山田錦」の故郷。六甲山北側の寒暖差の大きい気候、ミネラルを含む土壌などを活かし、三木市、加東市、三田市、神戸市北区などで栽培され、全国生産の約6割のシェアを占める。

水は六甲山系の伏流水である、いわゆる〝宮水〟を使用。お隣、京都・伏見の酒がまろやかな中硬水で〝女酒〟と呼ばれるやわらかな甘口の酒を生み出すのに対し、ミネラル成分が豊富な硬水を使った力強い男前の酒が特徴だ。

2つ目に忘れてならないのが酒のつくり手だ。灘の酒づくりを支えたのが現在の丹波篠山市を中心とするエリアを拠点とするプロ集団・丹波杜氏。岩手の南部杜氏、新潟の越後杜氏と並び、日本三大杜氏の1つに数えられる。

江戸時代、厳しい生活のなかで、農閑期に伊丹や大阪・池田に出稼ぎをし酒づくりを担ってきた技術力が認められ、灘五郷の杜氏として灘の酒を世に知らしめたのだ。

実は現在の伊丹市内の町・鴻池《こうのいけ》は、江戸時代、酒造業で財を成した豪商・鴻池家発祥の地。大量生産の製法を確立し、日本酒の流通に一役買った存在だ。実際、この地には「清酒発祥の地」の碑が立つ。平安時代から酒づくりをしていたという奈良と並び日本酒元祖の地という説もある。

元祖がどっちにせよ、明らかなのは日本酒づくりの文化は上方を中心に興ったということ。伊丹や池田、灘の酒は樽廻船と呼ばれる船で江戸に運ばれ、上方からの〝下り酒〟として人気を集めた。江戸に運ばれない酒は「下らない」酒といわれ、今でいう「くだらない」の語源ともいわれている。深い！

長い歴史を持つ灘五郷も、阪神・淡路大震災では大きな被害を受け、特に東灘区は家屋倒壊率が県内最大の28％にも上った。それを機に廃業した酒蔵も多く、震災前は60余りあった酒蔵が半分以下に減少したという。

全壊の状態から、元の材を使いながら、最新の免震システムを施し再建された資料館、復元された酒造用具も多く、重要有形民俗文化財に指定されている貴重な史料もしっかり

と保存されている。

　また、この地は第二次大戦の空襲でも壊滅的な被害に遭うが、灘五郷の酒蔵の1つ、白鶴酒造七代目は空襲で酒蔵がほとんど焼けた際にも、「うん、振り出しに戻った」と語ったとか（参考『ぼくらの近代建築デラックス！』）。豪傑！

　そんな酒づくりのバックグラウンドを知れば、飲む酒の味わいもより深くなるはず。ちなみにお酒は苦手という人には、酒蔵が生んだオリジナルスイーツも。飲兵衛もそうでない人も、ぶらり酒蔵巡りを楽しみたい。

大手酒造会社って大量生産のイメージだったけど、大会社に成長したからこそ私財を投じて学校や美術館を建てたりしたんだなあ、と。昔の名士ってこういう人格者が多かったんですね。

たび活×住み活 29

メジャースイーツの〝限定メニュー〟にトライ

西宮の酒蔵通りに来て冷酒飲むつもりが、神戸スイーツの「アンリ・シャルパンティエ」のカフェに入るとは…。

神戸って日本三大ケーキの街なんだろ。行っとかないと。

キミ……スイーツ女子？

ほらっ、喫茶限定で食べられるクレープ・シュゼットだって。目の前でフランベしてくれるらしいぞ。

おー、高校生の時に原宿で食べたクレープとは別モンだー（笑）。

いつの時代だよ。三田市の「パティシエエスコヤマ」もすごかったな。

確かに行列すごかったね。

いや、交通整理してた警備員の数！　あれだけ雇っても儲かってるとは……。

ゼニカネの話、出た！

extra info　神戸＝日本三大ケーキの街だが、菓子の神様が祀られているのが但馬の中嶋神社。毎年4月第3日曜日に菓子祭が行われ、菓子業界の発展を祈願し、全国の菓子業者が訪れるとか。

洋生菓子に使う一世帯当たりの消費金額は全国トップクラスと、スイーツ先進国の神戸。県内洋菓子店で組織する兵庫県洋菓子協会は日本の中でも最も古い歴史を持ち、会員数も東京に次ぎ2番目に多い。

その背景には、やはり開港以来の歴史が絡む。幕開けは1882年。居留地に住む外国人に洋菓子を販売する「二宮盛神堂」（元町）がオープン。その後、同じく元町に本格洋菓子店の草分け「神戸凮月堂」が誕生。神戸在住の外国人によって「ユーハイム」「ゴンチャロフ製菓」「モロゾフ」なども生まれ、海外仕込みのスイーツ文化が広まっていく。

現在、メジャースイーツでは、神戸の家庭に1つぐらいは空き缶が転がっているといわれる神戸凮月堂のゴーフル、ガラスのカップが意外に重宝するモロゾフのプリン、「アンリ・シャルパンティエ（通称アンリ）」のフィナンシェ、「ケーニヒス クローネ（同クローネ）」のミニパイ・クッキーあたりが定番おもたせか。

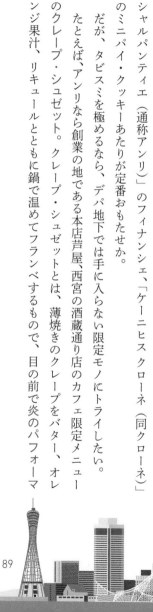

だが、タビスミを極めるなら、デパ地下では手に入らない限定モノにトライしたい。

たとえば、アンリなら創業の地である本店芦屋、西宮の酒蔵通り店のカフェ限定メニューのクレープ・シュゼット。クレープ・シュゼットとは、薄焼きのクレープをバター、オレンジ果汁、リキュールとともに鍋で温めてフランベするもので、目の前で炎のパフォーマーンスが楽しめる。特別感アリアリだ。

ちなみにアンリの名前は、クレープ・シュゼットを考案したといわれる19世紀に活躍したフランスの料理人アンリ・シャルパンティエに由来する。ただし、アンリ・シャルパンティエとはブランド名で、会社の正式名称はシュゼットＨＤ。ちょっとヤヤコシイ……。

県外では唯一、銀座にもカフェを出店。こちらでもクレープ・シュゼットを提供しているがドリンク付きで３０００円近くと、やや銀座プライスとなっている。

限定商品の穴場は、ユーハイム神戸元町本店のマイスターの手焼きバウム（バウムクーヘン）。店頭でスライスしたてをその場でいただける。

元町近くの中華街の定番買い食い商品の「老祥記」の豚まん、「森谷商店」のコロッケなどと共に、歩き食いを楽しむのもいい。

その他、地元っ子に聞くと、甲陽園の本店でしか買えない「ツマガリ」の生ケーキ、「ミッシェルバッハ」の「夙川《しゅくがわ》クッキーローゼ」、元町の老舗店「ママのえらんだ元町ケーキ」で人気のケーキ「ざくろ」など、こだわりの店と買うべき商品が挙がる。「エスコヤマ」は並んで買うほどとは思えへんなあ」などと時に有名店にも厳しい目を向け、あげる相手や用途による自分なりの店の使い分けがはっきりしている。パン同様、商品選別に厳しいのだ！

細かいネタとしては、アンリは２０１２年からフィナンシェの販売個数世界一で、５年連続ギネス入りを果たしている。その数は1年間（16年10月1日からの1年）で約２７９０万個。もはやワケのわからない記録を叩き出している。

また、ユーハイムは、19年秋、バウムクーヘンをパリやロンドンで販売スタート。洋菓子の本場、欧州への16年ぶりの再チャレンジだ。ガンバレ！

ユーハイムの切り立てバウムクーヘンは枚数単位で買えるので1枚からＯＫ。その場で扇形に削るように切ってくれます。切り立てはオイシさ倍増！ 気のせい？（笑）。

アンリ・シャルパンティエでは
目の前でクレープ・シュゼットを
つくってくれます
ジュワ
リキュール
オレンジ果汁で軽く煮たクレープ
こんなクレープ初めてだ〜

ゴミ捨てルールは「イノシシにご注意」

生活するならゴミ出しルールもちゃんと押さえておかなきゃ、だね。

ゴミネタ、好きだな（笑）。鹿児島本の取材の時も、ゴミ捨て場で何してるかと思ったら、桜島の火山灰を捨てるためのゴミ袋をわざわざ撮影してたし。信州本でもゴミ分別ルールについて、めっちゃ語ってたし。

ゴミの処理法って地域性が出るんだよね。実は神戸にも大事なゴミ捨てルールがあるの。それはイノシシに荒らされないよう出す時間にご注意！

この地でイノシシといえば、丹波の名物・ぼたん鍋じゃないの？

いやいや、実はイノシシによる被害件数は全国最多県なんだ。移住を考えるなら要注意ポイント！

extra info　神戸大学・通称神大の公式マスコットキャラクターは「神大うりぼー」。さすがイノシシ遭遇率日本一の大学!?　ノートやクリアファイルなどのグッズが販売されており、こちらはなかなか愛らしい！

２０１７年、18年と2年連続で、イノシシによる被害件数が全国1位！

セレブタウンのイメージに反し、意外にも神戸市で多発しているのがイノシシによる人身被害だ。地元っ子に聞いても、

「深夜に帰宅したら、アパートの廊下をイノシシがのそのそ歩いていた」

「自宅の家の門に家族（うりぼう）連れでいて、にらみ合いになった」

「かばんを背後からひっぱられて、振り向いたらイノシシがいてビックリ」

などなど、１つぐらいはイノシシ目撃ネタを持っている人も多い。

話のネタ程度ならまだいい。ゴミ袋や食料の入った買い物袋を持っている人に襲い掛かり、指をかみちぎられるなど、生々しい事件も発生。イノシシの歯は予想以上に鋭く、急所をブスリと刺されたら命に関わることもあり得る。

イノシシは警戒心が強く、人が多い市街地に出てくるケースは少ないという。だが、出没多数の理由の１つがエサをやる人が増え、人馴れしたイノシシが増えたこと。六甲山は鳥獣保護区に指定されており、銃による駆除も難しい。

神戸市では02年より日本初の「イノシシ条例」を施行。規制区域の餌付けやゴミ捨てを禁止している。ヨソ者もうっかり珍しいからとエサをあげたりしないこと！

たび活×住み活 31

ヴィッセル神戸の“イニエスタ効果”を考える

地元サッカーのヴィッセル神戸、予想以上に盛り上がってたね！　前に神戸本の取材をした時はサポーターのユニフォーム着用率が日本一低いなんて話、聞いてたのに。

元FCバルセロナ、イニエスタの移籍効果かな。18年度の収益も、我らが埼玉の浦和レッズを抜いて、Jリーグトップだったってな。

唯一の埼玉プライドが……（苦笑）。でも私たちが行った試合、イニエスタ様が出てなくてザンネン。

奥さんの出産で里帰りしてたんだっけ（苦笑）。他にも高額年俸のバルセロナ移籍組がいるし、移籍金とか人件費が成績に見合うのかな……。

extra info　兵庫は国内初のゴルフ場「神戸ゴルフ倶楽部」が1903年にできた地で、ゴルフ王国でもある。県内のゴルフ場は約160か所で、北海道、千葉県に並んで全国トップレベル。ゴルフ好きにもオススメの地だ。

サッカーや野球、テニス、レガッタなど神戸に住む外国人によって、日本に定着した西洋式スポーツは数多い。

そんな歴史をベースに、どこか〝大阪のモン〟というイメージもありつつ一定のファンがいる阪神タイガースに加え、地元スポーツチームとして根付きつつあるのが神戸をホームタウンとするサッカークラブ、ヴィッセル神戸だ。

2018年にはスペインの名門チームFCバルセロナからレジェンド、アンドレス・イニエスタが移籍。親会社の楽天・三木谷浩史社長のパワー、移籍金の額なども含めて話題を呼んだ。

実はヴィッセル神戸は発足からして波乱続きの道のりを歩んできた歴史がある。チームが誕生したのが1995年1月。その直後、阪神・淡路大震災が発生し、選手は県外での練習を余儀なくされたという。奮起して翌年、96年にはJ1昇格を果たし、三浦知良（カズ）、城彰二などが活躍するも、震災後にスポンサーのダイエーが撤退。以降、スポンサーに恵まれず赤字続きで、2003年、民事再生に至る。

そこで救世主として現れたのが兵庫出身の三木谷社長だった。2度のJ2降格を経て、J1でも成績は下位ながら、クラブの経営としては、18年、サッカー王国・埼玉の浦和レッ

ズを抜き、収益ナンバーワンを達成する。前年度比84・6％増というから、ハンパない。
オシャレイメージから、応援スタイルもどこかクールとされてきたサポーターも、近年は熱い。

ボール支配率を上げ、ポゼッションサッカーを志向する〝バルセロナ化〟を目指しているというが、外国のパワーを取り込み栄えてきた神戸のチームとして、今後、外国人選手の力をどう活かし、どうのし上がっていくのか。それとも高い買い物となってしまうのか。神戸を応援するタビスミ隊としては、イニエスタ様、活躍頼む！

外国人が多く住む六甲アイランドあたりにイニエスタ選手が出没しているという情報も。ミーハー気分で美人な奥さん、かわいい子どもとのショットをインスタでチェックしてみるのもよし。

神戸のホテルにて
あっ！
イニエスタCM出てるよ！
イニエスタ
おーレジェンド登場！
!?
ハッピ!?
ノミマシタ
日本語しゃべったぞ!!
おおおおお!!
キニイッタ
世界が認めた日本酒パック・菊正宗………
イニエスタ ノミマシタ キニイッタ
大スターにダジャレかっ…!!
灘五郷・菊正宗 さすが、やるー！
実家がワイナリーだっていうけど、日本酒業界にも進出か!?
なつかしのアルシンドのCMを思い出したぞ…

たび活×住み活 32

淡路島は琵琶湖並みにデカいと知る

お盆に神戸側から淡路島に行こうとしたらすっごい激混みでビックリしたよね。高速に入るだけでひと苦労……。普段、車で移動しないから学習したわ。

それに淡路島に入ってからも予想以上に広いのな。

タクシーの運転手さんが、琵琶湖と同じぐらいの面積って言ってたね。琵琶湖っていえばもはや海だし（笑）。

なのに島内を走るバスが分断されてて旅行者には不便。3つの市があるけど仲悪いのかな（笑）。

でも、島の高速道路は立派だったね。

政治パワーか。地元の政治家、原健三郎、通称ハラケン、ホラケンなんて揶揄されてたけど〝夢の橋〟といわれてた明石海峡大橋建設にも貢献したんだよな。

extra info　明石—淡路島を運航する高速船「淡路ジェノバライン」。その親会社は元々、大阪発祥の女性用補正下着・ジュエリー販売の会社。社長が船や釣りが好きで淡路島をよく訪れていた縁から事業に乗り出したとか。

普段は、滋賀のことをなんとなく下に見ている（？）といわれる京都人が夏になるとこぞって出かけるのが、〝関西の海〟ともいわれる琵琶湖。

いわずと知れた日本最大の湖だが、地図上で目を南下させるとふと気づくことがある。琵琶湖をひっくり返した形が、兵庫県の淡路島にソックリなことだ。

実際、大きさでも琵琶湖が６７０平方キロメートル、淡路島は５９２平方キロメートル。海に沈んでいる面積を考えればまあまあ近い。琵琶湖の部分の土地が淡路島になったという都市伝説があったりするのも、〝国生み伝説〟（Ｐ１０２）が残る淡路島ならさもありなん、か。

ともあれ、東京23区の面積が約６２０平方キロメートルと考えても淡路島は広い。神戸方面からふらっとキャンプやＢＢＱ、生しらす丼を食べに行ったりとお手軽なレジャーランドとしても人気の地。淡路島を通過して「四国にうどん食べに行こかー」なんて人もいて、道路も混みがちだ。移動計画はしっかり練るのが肝心だ。

淡路島に気軽に行けるようになったのには、明石海峡大橋の存在が欠かせない。橋の全長３９１１メートル、中央支間の長さ１９９１メートル、主塔の高さは２９８メートルと３３３メートルの東京タワーに迫る。堂々の世界最大のつり橋だ。

無論、大きいだけではない。このギネスブックもののデカさの橋の安全性を担保するため、建設の際には日本の橋梁技術のすべてが結集されたという。

工事着手が1988年で、およそ10年の歳月をかけて98年に完成するが、建設の最中には阪神・淡路大震災が勃発。淡路島も被災地となるが、工事中の橋はズレはあったものの震度7の激震にも耐えた。さすがものづくり大国、日本の技術！

橋自体の構想は明治時代から再三持ち上がったものの、具体的に明言したのは内務省神戸土木出張所長で戦後、神戸市長となった原口忠次郎さんだという。だが、当初は反対意見が多く「白昼夢でも見ているのか」と批判されたこともあった。

生涯現役を貫いた地元政治家の原健三郎さんも、出馬時から明石海峡大橋の建設にこだわり続けた。

神戸市は、原口市長時代に「山、海へ行く」のスローガンのもと、六甲山を削って海を埋め立て、ポートアイランドなどの人工島建設を推進。次の宮崎辰雄市長時代には六甲アイランド事業を進め、「ポートピア'81」を開催。大胆な都市開発の手法は〝株式会社神戸市〟と称され、注目を浴びた。宮崎行政のやり方には様々な意見があるが、神戸のあり方を大きく変えたことは間違いない。

実は「山、海へ行く」が実施されたのはは神戸だけではない。関西空港の埋め立てにも淡路島北部の山の土砂が使われたとか。大阪に吹き荒れるインバウンド旋風にも、実はリゾートアイランド・淡路島が一役買っているのだ。

昔は明石から淡路島行きの通称「たこフェリー」（明石淡路フェリー）が運航。船舶や船内はかわいいたこだらけ！ で人気だったとか（笑）。今は「淡路ジェノバライン」が運航。車で行くのもいいけれど、個人的には橋の写真を撮るなら船上からがオススメです。

兵庫県
滋賀県
たしかに似てる!!
淡路島の実質支配者といわれる上沼恵美子が
京都人に海をつくってやったのかも…

国生み伝説の地でパワスポ巡り

コレが「日本三大大鳥居」があるおのころ島神社かー。鳥居のサイズ感がオカシいぐらいにデカい（笑）。

確かにムダにデカいな（苦笑）。

ムダって……ココ、日本の始まりといわれてるおのころ島を生んだ2つの神様、イザナギとイザナミが祀られてるの。ありがたい場所なんだから。

所詮、神話だろー？

いやいや、日本で初めて夫婦になった2神が祀られてるんだから、もはや縁結びの元祖でしょ。さっき行った伊弉諾神宮も2つの神様が祀られてるし、なんだか御利益ありそう。

パワスポ好き女子か（笑）。日本の発祥地ってもはや古すぎて、歴史好きのオレにも理解不能……（苦笑）。

extra info　淡路島は瓦の産地としても知られ、日本三大瓦産地に数えられる。島内には瓦製造の会社がやっている瓦割り体験道場も。テレビでたまに見る瓦割り、やってみたい人はどーぞ。

玉ねぎ畑に囲まれた地に、突如、ドドーンとそびえたつ真っ赤な鳥居。高さ21・7m。京都の平安神宮と広島の厳島神社と並び、かつて日本三大大鳥居に数えられた巨大な鳥居があるのが淡路島洲本《すもと》市のおのころ島神社だ。

ココは『古事記』や『日本書紀』に伝えられる日本発祥の地・おのころ島を生んだとされる伊弉諾命《イザナギノミコト》と伊弉冉命《イザナミノミコト》が祀られるありがたい場所。

2神が夫婦になるきっかけとなった、鶺鴒《せきれい》の夫婦がその上で契りを交わしたという鶺鴒石があったり、2神のケンカの仲裁（?）をしたという「菊理媛命《キクリヒメノミコト》」も併せて祀られていたりする。全国でも有数の縁結びのパワースポットとして人気が高い。

そもそもおのころ島はどこにあるかというと、絵島、沼島《ぬしま》、飛島、友ヶ島などの説が挙がる。いずれも島内ないし近辺にある島だ。

淡路島内には、もう1つ、2神が祀られている神社がある。その名も伊弉諾神宮だ。

日本最古の神社であり、神宮と名乗ることができる全国24社のうちの1社。淡路島で最も格式が高いといわれている。

その他にも古墳の数が日本で一番多かったりと、もはや〝尺〟が想定外に長い歴史を感じさせるスポットが意外に多い県。開港以降の歴史だけで、語ってはいけないのである。

甘ーい！
淡路島の玉ねぎで
血液サラサラ

淡路島って、魚介もあれば肉もある。野菜もつくってるし、意外にグルメエリアだよな。

季節ものの赤ウニとか、ハモ、淡路牛とか高級食材も色々食べたけど、私的にヒットしたのが玉ねぎ料理。特に道の駅で食べたコロッケに入ってた玉ねぎ、甘くておいしかったー。

相変わらず好みがシブいんだよ。確かに洲本の居酒屋「はまだ」で食べた玉ねぎの天ぷらも辛味がなくてウマかったけど、オレ的に一番ヒットしたのは海鮮釜めし。炊きたてのメシって最強だよなあ。

海鮮って、めっちゃフツーじゃない!? しかもメシがウマかったって……。

extra info　淡路島以外に、丹波も古くから朝廷に食材を献上していた。その1つが黒豆。昼夜の温度差が激しい気候と粘土質の土壌を活かし、大粒で味のいい黒豆を栽培。黒豆に加え、黒枝豆はビールのつまみにも最高だ。

古来、〝御食国《みけつくに》〟といわれ、朝廷へ食材を献上していた淡路島。天皇お墨付きの食の宝庫だったというから侮れない。

独自の食材も海産物から肉、野菜など種類が幅広く、食料自給率はなんと100％超。農業・畜産・魚介大国の〝でっかいどー（北海道）〟に負けじと高い食料自給率を誇る。

ハモやフグ、ウニ、生しらす、淡路牛といったちょっとリッチな食材も豊富だが、タビスミ隊として生活者の視点でオススメするのが玉ねぎ。

玉ねぎというと、サラダやスープの具などの脇役と思われがちだが、この地の玉ねぎは他とは違うブランドもの。堂々と主役を張るグルメになりうるのだ。

その特徴はとにかく甘いこと。通常の玉ねぎの糖度が7度程度のところ、淡路島産は10度以上はザラ。雨が少なく日照時間が長い気候を活かし、時間をかけて丁寧に栽培。かつ収穫後も専用の小屋に吊るし、自然乾燥によって甘味を引き出す。シーズンになると、畑の中に立つ掘立小屋にぶらさがった玉ねぎが見られるのも島の風物詩だ。

オススメは生でサラダで食べるほか、そのままデッカくカットした玉ねぎを天ぷらにしたり、フライにしたり。生活習慣病が気になるお年頃は、淡路島の玉ねぎで〝血液サラサラ〟な体を手に入れよう！

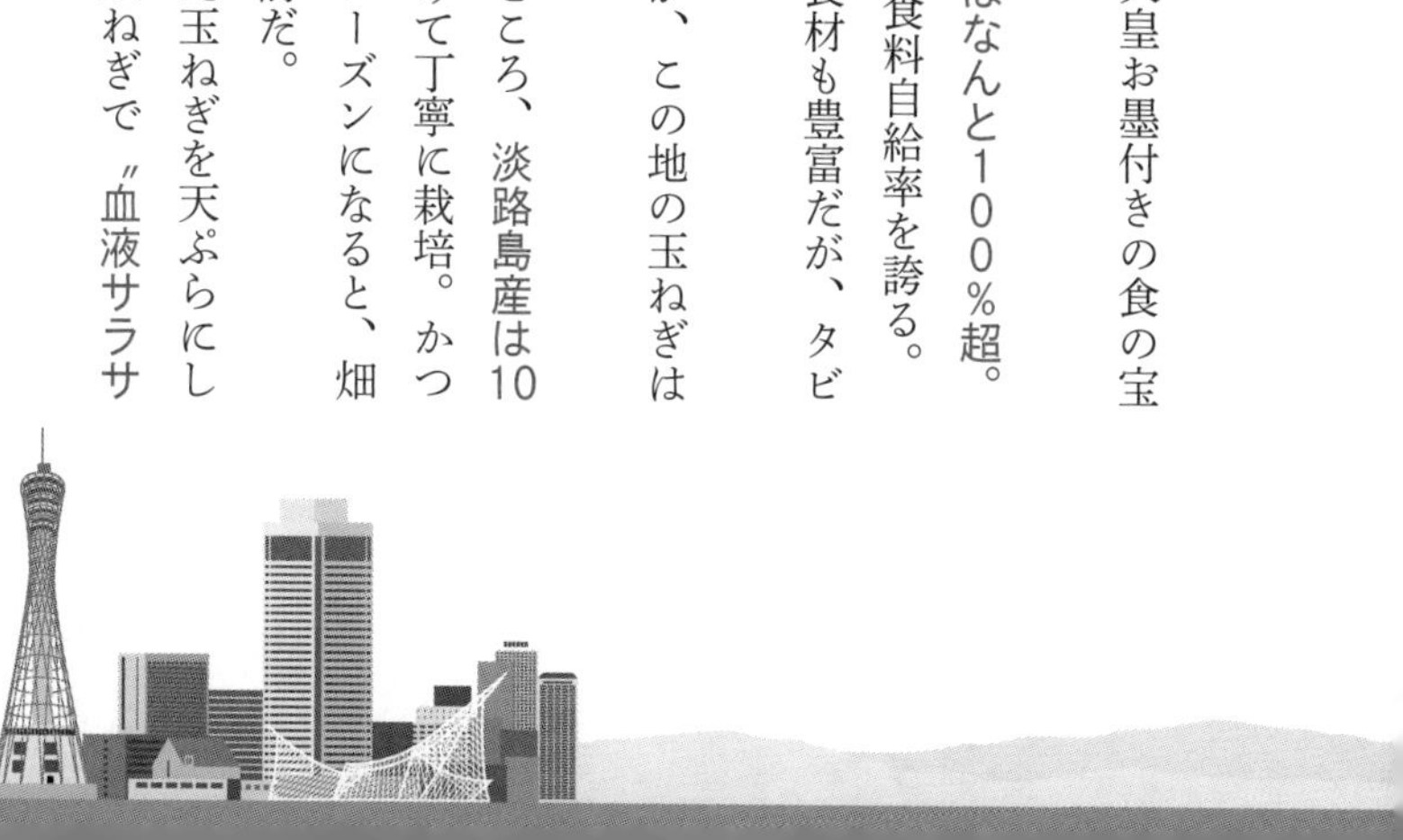

住み活×たび活 35

たこ焼きのルーツは〝玉子焼〟と知る

明石って駅近に公共施設や、地元の魚が並んでる商店街もあって住みやすそうだったね。

「魚の棚」ね。昼網といって朝に水揚げされた魚がその日に並ぶんだって。

明石焼きの店も多かったな。明石焼きとたこ焼きって、だしにつけるかソースをかけるかの差だと思ってたけど結構違うんだな。

明石焼きじゃなくて玉子焼と呼ぶのが地元流ってのも新発見。

でも、姫路の「タコピア」だっけ。地元の人がソースを塗った明石焼きをだし汁に浸して食べてたけど、オレ的にはビミョーだったなー(笑)。

しかも地元っ子らしき人で長蛇の列だったし。姫路、さすが独自路線!

extra info 明石だこの特徴は、流れの速い潮流に鍛えられた太くて短い足、それゆえ歯ごたえのある食感が特徴。明石鯛、アナゴと並び明石の三大名物。明石の商店街「魚の棚(うおんたな)」にも多く並ぶ。

「我こそがお好み焼きの本場！」

などと、お隣・大阪と広島がバトルを繰り広げるなか、マイペースで粉モン道をまい進！実はお好み焼き店（焼きそば・たこ焼き店を含む）の店舗数が、全国で大阪に次いで2位の兵庫。人口1万人当たりで見ても広島に次いで2位なのである。

ついでに言うなら粉モンに欠かせないソースも、神戸は一世帯当たりの支出額が全国4位。ソース発祥の地ともいわれ、全国トップクラスのソース王国でもある。

実はそもそも大阪が誇るご当地グルメ・たこ焼きも、そのルーツは兵庫・明石の名物、明石焼きにあるといわれている。

明石焼きとは、小麦でんぷんの粉であるじん粉を主原料に、卵とだし汁をたっぷり入れた生地を専用の銅製鍋で焼き上げたもの。フワフワな食感が特徴で、傾斜のついた木製のあげ板に盛られる。だしに浸して食べるのが一般的だ。

地元では「玉子焼」と呼ばれるが、その名前にはルーツも関係している。元々の由来は地場産業として栄えていたサンゴの模造品「明石玉」にあるというのが有力な説。明石玉とは、つげの木に卵の白身を固めて着色したもので、女性のかんざしなどの飾り物に使用されていた。

製造には大量の白身を使うため、明治末期より余った黄身にこんにゃくなどを入れた玉子焼が祭礼の夜店で売られるようになる。その具が、明石の名物・たこに替わったというわけだ。

一方、大阪では、大正時代から小麦粉とこんにゃくを入れて焼いた「ちょぼ焼き」と呼ばれるものがあったが、その後、小麦粉に味をつけた生地にすじ肉などを入れた「ラヂオ焼き」に進化する。たこ焼きの元祖といわれる会津屋初代店主が、明石から来た客に「明石ではたこを入れてんで」と言われたことから昭和10年、今のたこ焼きの原型が誕生。大阪にたこ焼き文化が広まったという。

また、鷹揚なお土地柄なのか明石焼きの食べ方は意外にも〝自由〟だ。だし汁は店によって冷たいタイプと温かいタイプがあり、テーブルにはソースや青海苔、一味、七味などが置かれている。自由に味付けOKのスタイルが多い。一人前が15〜20個単位と多いが、飽きずに〝味変〟しながら食べられるのもいい。

姫路の「タコピア」で、フツーに地元っ子はソースをかけた〝明石焼風たこ焼き〟なるものをだし汁につけてて驚いた！　意外にも古くからある老舗店で人気なんですね。

タコピア
姫路元祖
姫路タコピア
よし!!食うぞ
おっ姫路にも明石焼きがある人がいっぱいいて人気店なんだなっ
また食べるの？
おおウマそう〜
えっ!? ちょっとアレ!!
ソースつけてる!!
たこ焼きとちゃうねん!!
ニセ関西弁
しかもそれをだしにつけて食う!!
どっちか!
ハッキリせいへ〜ん!
明石焼風タコ焼き
TACCOPIER
あ…明石焼風…って書いてある…
やっぱオレはどっちか1つがイイかな…
やってみた

たび活×住み活 36

姫路城のビュースポットを押さえる

姫路駅降りてスグ、さえぎるモノなく姫路城が見えるんだね。うーん、姫路にキターって感じ！

さすがに外国からの観光客も多いなあ。松本城も外国人に人気だったけど、こっちは世界遺産だしね。

入城者数、日本一なんだってさ。

入城料1000円だろ、儲かってんなぁ(笑)。

またそんなこと言って。さてインスタ映え狙って写真撮るぞー。うーん、こっちは逆光かあ。あっちから撮ったほうがカッコイイかも。いや、裏から撮るのもアリか。

何枚撮ってんだよ。

いや、奇跡の1枚を目指して！

インスタ女王気取りか！

extra info　姫路城に行く際の食べ歩きのオススメが、ヤマサ蒲鉾大手前店の「(さっちゃんの)ちぃかまどっぐ」。ふわふわのドーナツの中にはチーズの入った蒲鉾が。トロリとろけるチーズと蒲鉾、ちょっと甘いドーナツ生地がベストマッチ！

姫路駅を降りると、白く輝く大天守がドーンと目に飛び込んでくる。

日本に数多く城はあれど、世界文化遺産・国宝の２つのタイトルを冠するのは、この城ぐらい。姫路観光のキラーコンテンツ・姫路城だ。

その特徴は何といっても、真っ白な漆喰壁。外部、すべての表面を漆喰で仕上げる白漆《しろしっ》喰総塗籠造《くいそうぬりごめづくり》という伝統的工法を用い、薄く何度も塗り重ねることで、火災や風雪から守っているとか。美しさだけでなく、防災の面でも理にかなっているのだ。

その姿は白い鷺が舞い立つように見えることから白鷺城とも呼ばれる。信州・松本で人気の〝からす城〟と呼ばれる漆黒の松本城がシブかっこいいのに対し、こちらは優雅な気品を漂わせている。

姫路というと、神戸方面の人に言わせると、ややヤンチャなイメージがあるというが、この美しさにはオシャレ番長・神戸も文句ないはずだ。

築城以来４００年超、その美しい姿を保ってきたのは、日本の職人、技術者の努力の賜物だ。明治の大修理後、１９３４年には全面的に解体修理した昭和の大修理が開始。太平洋戦争で姫路の街は焦土となるが、城は奇跡的に生き残った。

２００９年には、平成の大修理と呼ばれる大天守保存修理工事を約5年半かけて実践。か

かった総工費は約24億円、職人の数は延べ1万5000人にも及ぶ。にじゅうよんおく……。

さて、せっかくの美しき城を堪能するなら、ベストビューポイントを押さえたいもの。見る角度によっても〝違う顔〟を楽しむことができる。

まず、JR姫路駅を降りると、まっすぐ伸びる大手前通りからも城を拝めるが、駅前広場に整備された眺望デッキに上がって眺めるも良し。城に着いたら、入口となる登閣口もビューポイントだが、午前中は逆光なので写真を撮るなら時間帯に要注意。

タビスミ隊として、オススメのユニークな穴場が、城の裏にある兵庫県立歴史博物館。兵庫の歴史に関する資料や展示を閲覧できる施設で、著名建築家・丹下健三さんの設計によるもの。

実は、この建物の壁面のガラス窓は姫路城が映るように設計されている。姫路城の裏は本来、昼間は逆光だが、ガラス窓に映る〝裏の顔〟を意外な形で楽しめる。

また、城の外観は華麗な建築美を楽しめるが、城内に入ると軍事建造物としての様々な仕掛け、趣向を堪能できる。ちなみに天守に厠《かわや》（トイレ）があるのは、現存天守の中でも姫路城だけとか。

そんなトリビア、うんちくも知っておくと、城を見る楽しみもグンと広がるはずだ。

天守に登っていくには、急な階段をいくつか経る必要があります。高所恐怖症の私は、かなーりコワかった。脚力に自信のないシニアの方もご注意くださいませ。

暴れん坊将軍
時代劇の江戸城って実は姫路城ロケって知ってました?
え!? そうだったの〜!?

姫路の朝は
アーモンドトースト

さて、姫路で朝食といえばアーモンドトーストでしょ。

ピーナッツバターみたいなヤツ？　あの手のパンって、オレ、苦手……。

タビスミ隊は食わず嫌い禁止。ほらっ、見た目からちょっと違うでしょ。

ふーん、アーモンドのスライスがのってるな。ピーナッツバターみたいにベッタリ、甘すぎなくていいかも。

もっとペースト状の甘いアーモンドバターを出す店もあるみたい。ココの「はまもと」のはサックリ、アーモンド本来の味を活かしてるね。コーヒーも結構ウマい！　市内巡って、アーモンドバターの食べ比べもいいかも。

まだ食べるんかい？

extra info　姫路の居酒屋で人気のB級グルメの1つが「ひねぽん」。卵を産まなくなった雌の鶏、この地でいう「ひね鶏」をポン酢で和えたおつまみ。独特の食感がビールのアテにもピッタリだ。

グルメの独自性では国内トップランナーを行く名古屋。モーニング文化やご当地トーストの小倉トーストも高い知名度を誇るが、兵庫県で独自路線を行く姫路も負けてはいない。「秘密のケンミンSHOW」などでの登場を経て、赤丸急上昇の姫路発アーモンドトーストがじわじわとキテいるのだ。

と聞くと、アメリカンなピーナッツバターのようなペーストが塗られたパンを思い浮かべる人も多いだろうが、そこは姫路たるもの、〝メリケンさん〟に安易に追随なぞしない。

店によってもレシピが異なるが、共通点はマーガリンやバターを塗ったトーストに粉状のアーモンドプードル、粒のアーモンドを使った独自のアーモンドバターをのせて焼くこと。アーモンドの食感や香りを直接楽しめるのが特徴だ。店ごとに甘さやアーモンド感が異なるので、食べ歩いて好みのタイプを探すのもいい。

姫路発祥のコーヒーブランド・成田珈琲のホームページによると、約30年ほど前から喫茶店の代表的メニューとして登場。当時、同社が開発したPB商品のマーガリンの拡販という狙いと、競争が激化していく中で新しいメニュー開発を求める喫茶店の思いが一致して誕生したとされている。

名古屋に続き、姫路朝食文化を日本に知らしめるのか。姫路パワー、侮れじ!

〝そば〟ではない〝えきそば〟にトライ

よし、駅の立ち食いそば、えきそば、食べに行こうぜ。

えっ、姫路ってそばどころじゃないでしょ。それに立ち食いなんて……。

姫路を侮るべからず。そばといってもそばじゃない。「えきそば」っていう店なんだ。

なんじゃ、そりゃ。えーっと、入場券を買って、いざホームへ。注文っと。何コレ、黄色い麺だよ。なのにだしは和風だ。

和と中華の夢のコラボ！　っていっても戦後の食料不足の時代に工夫を重ねてつくられたものなんだ。

さらりと食べられて、意外にイケる！　それにしても姫路って、食文化、独特だね。

確かに神戸と同じ県とは思えない。

extra info　もう1つ、タビスミ隊が驚いた姫路名物が地元で人気の中華料理店「東来春」のシュウマイ。肉というより粉モンのようなもっちりした食感に、ソースをつけて食べる。姫路のソウルフードだとか。

そばの本場・信州人が知ったら怒りだすか？　それとも驚くか？

ココ姫路には、そばと名乗りながら、そばではない〝えきそば〟がある。ヤヤコシ。開発したのは、明治21年、日本初の幕の内駅弁を手掛けたことで知られるまねき食品。現在も、駅弁や仕出し、レストランなど、姫路を中心に事業を広げているが、駅ナカや駅周辺を中心に展開しているのが、店名もズバリ「えきそば」だ。

開発したのは終戦後の混乱期。統制品であった小麦粉の代わりにこんにゃく粉とそば粉をまぜたそばを開発。和風だしで〝うどんもどき〟を試作し、列車のデッキで販売をスタートする。その後、時間がたってものびず、腐敗しないものをと試行錯誤した結果、１９４９年、かんすい入りの黄色いそば（中華麺）を開発。だしは和風の〝和＋中コラボ〟の麺料理、現在のえきそばが誕生する。

かきあげ風がのった天ぷらえきそばが一番人気で、関西風の和風だしに、だしを吸った天ぷら、やわらかめの中華麺が意外にも合う。

本格そばを想像すると、肩透かしを食らうが、昔から食べ慣れている地元っ子には、これぞ、なつかしのそばの味なのだ。

だしの味もやさしいので、二日酔いの朝にささっとかきこむのにもいい。

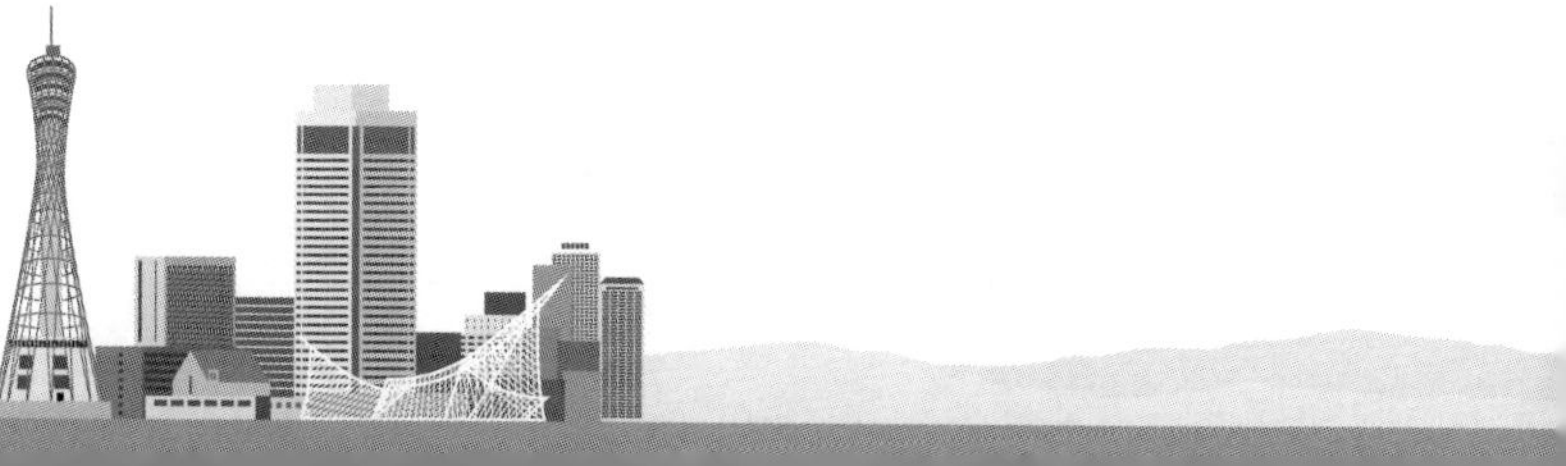

姫路のぐじゃ焼＆名物おばちゃんに会う

姫路で行った、ぐじゃ焼の「森下」。まず激セマの店に圧倒されたよね。

ビニールシートをくぐったら、スグ目の前に鉄板＋おばちゃんがいて「何、焼く〜？」って（笑）。

「後ろの冷蔵庫から勝手にビール取ってやー」って（笑）。やわらかくつくったお好み焼きが評判になって、「ぐじゃぐじゃに焼くからぐじゃ焼や」って、そのまんまやん（笑）。もんじゃ焼き風にやわやわ焼いた後の、鉄板上でコゲただしのパリパリ感もおいしかったなあ。

かつお節粉なんかで自分で好みの味にできるのもよかったな。途中からスマホでずっとしゃべってたけど、あのおばちゃんなら許される（笑）！

あのおばちゃんこそ姫路名物かも！

extra info　姫路はおでんの食べ方も独特。つけるのは辛子でも味噌でもなく、生姜じょうゆ。刺身のように生姜じょうゆに具をつけたり、直接かけたりして食べる。サッパリ、身体も温まる！

隠れた粉モン王国の兵庫。そのなかでも他にはないトガッた独自ラインアップがあるのが、やっぱり期待を裏切らない、ゴーイングマイウェイ・姫路だ。

ソースとだしの両方をつける明石焼風たこ焼きは、すでに紹介したが、お好み焼きでもぐじゃ焼、どろ焼といった、やわらかいお好み焼きが存在する。関西のお好み焼きの雄を自負する大阪人が時にディスる東京のもんじゃ焼き風だが、そこは多様性を許容する自由度の高いお土地柄というべきか。

ぐじゃぐじゃに焼くからぐじゃ焼、どろっとしてるからどろ焼、とシンプル極まりない命名スタイルもハンパなツッコミを許さない。

無論、味は関西だしをしっかりきかせ、具もすじ肉が人気。鉄板でだし汁が濃縮されたコゲまで堪能したい。

〝そば〟ではない〝えきそば〟に次いで、ニュースタイルのちゃんぽんも存在する。長崎スタイルのちゃんぽんをイメージすると、思いっきり裏切られる。

正確にはちゃんぽん焼きといって、そばとうどんを一緒に焼いたもの。ちゃんぽんの語源、〝チャンプルー〟が意味する〝まぜこぜ〟から命名された。

60年以上前からあるご当地メニューで、お好み焼き店ほか、スーパーの惣菜売り場でも

登場。

「焼きそばと焼きうどん、どっちにするか」。この地はそんな悩みとも無縁なのだ。

「森下」は一見、入りにくそうな店構えですが、入ってみたら、おばちゃんの軽妙なトークに一挙に和みます。関西のローカル番組「よ～いどん！」のコーナー、「となりの人間国宝さん」にも選ばれたとか。まさに姫路城に負けない〝国宝〟モノです（笑）。

ぐじゃ焼の森下
昔からあるお店で
もうすぐ50年!!
4～5人入れば満席の
激狭な人気店
ぐじゃ焼
ぐじゃ焼は
もんじゃ焼きみたいに
やわらかい
人気はすじか豚
焼きあがった後の
おこげを丁寧に
取って
いいにお～～い
ペリ
上に重ねるのがミソ
ペリ
おばちゃんも
メッチャ優しくて
気さく
ぐじゃ焼?
ぐじゃぐじゃに
焼くから
ぐじゃ焼や!!
ずっとしゃべってる(笑)
まさに正統派B級グルメ
うんま～～～い!!
ビール、後ろの
冷蔵庫から
勝手に取ってや～
勝手に!?
関西テレビ
『よ～いドン!』の
人気コーナー
「となりの人間国宝さん」
にも選ばれた!
となりの人間国宝さん

福崎町で妖怪に会う

〝妖怪の町〟といえば、前に漫画家・水木しげるさんの生まれた鳥取の境港に行ったけど、今回、行った福崎町も妖怪で町おこし、がんばってたね。

町のあちこちの店の前なんかにも妖怪が座ってるベンチがあって、周遊してもらえるように工夫してたな。

民俗学者の柳田國男さんの故郷で、彼の著書に出てくる河童をモチーフに人形をつくったのが始まりみたい。でも、公園の池から飛び出してくる仕掛けとは思い切ったね。

「ゲゲゲの鬼太郎」みたいに、広く知られてるコンテンツじゃないのに、自治体としてよくやってるなあ。こういう取り組みは応援したい！　でも、やっぱりリアルに気味悪いけど（笑）。

extra info　造形が趣味という福崎町役場の担当者が仕掛け人だとか。「河童が飛び出す仕掛けにしては」という町長のひと声がきっかけとなり、続々とリアルな妖怪が生み出されている。

日本全国、どこの自治体にも、かわいいゆるキャラやキモカワ系なマスコットは数多くあるが、〝リアルに気味悪い〟方向に振り切った作戦で、妖怪をテコに町おこしを実践しているのが播磨地域の福崎町だ。

この地は民俗学者・柳田國男さんの生誕地。マジメ路線では生家や記念館、歴史民俗資料館などもあるが、柳田さんの著者『故郷七十年』に出てくる河童《かっぱ》（ガタロ）をモチーフにした人形をつくったのを発端に、様々な妖怪が町内に出現している。

駅前の出迎えから手荒い。駅前広場に置かれた円柱形の水槽に、河童の人形が定期的に浮かび上がる。駅から約1・3キロ離れた辻川山公園の池で、河童のその名もガジロウが定期的に顔を出し、既に人気者になっているが、そのガジロウが地下トンネルを通り抜けて現れるという設定だ。辻川山公園には、池の河童以外に妖怪小屋から定期的に飛び出してくる逆さ天狗もいる。その他、町内のあちこちにベンチに腰かけている天狗、雪女、一つ目小僧、海坊主、一反もめんなど、何なら歩いている地元っ子よりも多いのではないかという数の「妖怪ベンチ」が増殖中だ。

町では妖怪造形コンテストも開催。台湾などからのインバウンドも呼び込みつつある。なかなかアナーキーなトガった取り組みを進める福崎町。一度は見る価値アリだ。

信州のお殿様が伝えたそばを堪能

出石町って、そば屋さんが多いね！タクシーの運転手さんが50軒近くあるって言ってたな。前の信州本の取材でさんざんそば食ったのに、またもやそば攻め（苦笑）。

しかも、信州上田藩の殿様が出石藩に国替えになって伝わった、リアルに信州そばの再来、人気店の「官兵衛」へ。あっ、来たよ。5皿が基本なんだね。

1皿が少ないからペロっといけちゃうな。あと2皿くださ〜い！

山芋とか卵とかあるから〝味変〟しながら飽きずに食べられるね。地元だと皿を積み上げて箸を立てた高さまで食べて一人前の成人男性なんだって。

いや、信州でさんざん盛りのいいそば食ったし。中年にはムリだろ（笑）。

extra info 県鳥であり国の天然記念物でもあるコウノトリ。出石城はかつてコウノトリが飼育されていたという逸話があり、豊岡市では一時、絶滅の危機に瀕したコウノトリの人工繁殖と野生復帰への取り組みを実践している。

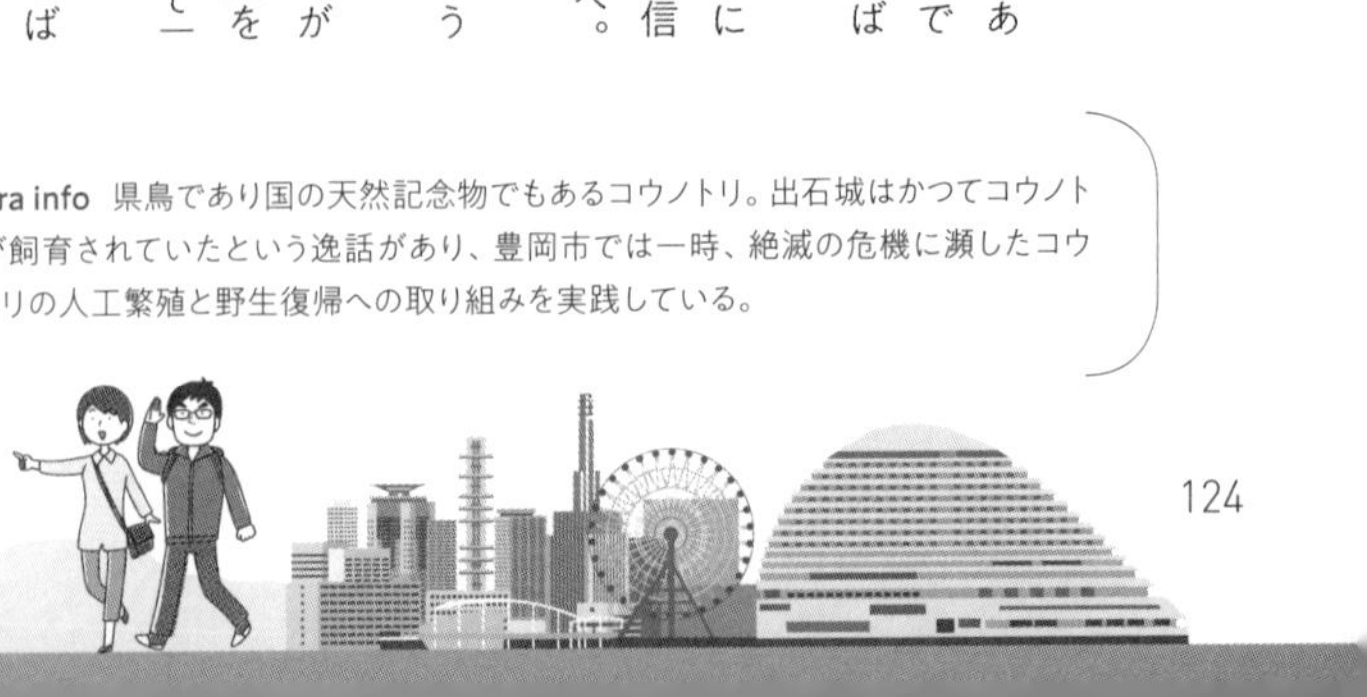

但馬の小京都ともいわれ、『古事記』『日本書紀』にもその名が記される歴史ある町、県北部の豊岡市出石町《いずしちょう》。江戸時代には信州上田藩から国替えとなった仙石氏のもと、藩政が敷かれ、但馬地方最大五万八千石の城下町として発展したという。

その仙石氏の国替えとともに伝わったのがそば。古くからそば処だった信州からお殿様とともに全国に伝わったそばは多く、出石も関西屈指のそば処として知られる。

特徴は大きく2つある。１つが小皿に小分けした独特のスタイル。皿に盛るようになったのは幕末のころ。屋台で出す際に持ち運びが便利な手塩皿にそばを盛って提供したのが始まりだ。

後にご当地の焼物、出石焼が生まれ、その白地の小皿に盛るスタイルが確立されたという。１人前5皿が基本で、好みに応じて追加ＯＫ。１皿の量は少なめなので、お腹の空き具合に応じて細かく調節できる。

2つ目の特徴は薬味が豊富なこと。山芋のとろろや卵がデフォルトで出てくる店が多いので、味を変えながらスルスルと楽しめる。

町内にはミシュランガイドに掲載され、行列必至の店も。新そばの季節になると、そば職人一同が揃い、打ち立てのそばが食べられる「出石皿そば新そばまつり」なども実施し

ている。

もともと出石藩は、仙石氏の統治のもと、肥沃な盆地として但馬地域の政治、経済の中心地だった。

また、長州藩士で明治維新を牽引した桂小五郎、後の木戸孝允が禁門の変で長州藩が敗走した際、出石藩に潜伏していたという歴史も残る。そのため明治政府では政治的手腕を買われ〝維新の三傑〟の1人に数えられる木戸孝允だが、『ひょうご幕末維新列伝』によると〝逃げの小五郎〟と呼ばれていたことも。出石藩に潜伏中、城崎《きのさき》温泉の一人娘を妊娠させた、芸者に手を出したといった逸話も伝えられる。

京都の「京都三本木」の芸妓・幾松（松子）と結婚し、城崎温泉に滞在するが、それが日本最初の新婚旅行という説も（もう1つの有力な説は坂本龍馬と妻のお龍が行った霧島旅行）。由緒ありつつも、どこかユーモラスな幕末のエピソードが伝わる地。そんな歴史を辿りつつ、皿そば巡りもいい。

出石町には近畿最古の芝居小屋といわれる出石永楽館があり、毎年、片岡愛之助さんが出演する永楽館歌舞伎が行われています。奥さんの藤原紀香さんもいらっしゃるとか。

出石皿そば巡り
① 出石皿そば巡り巾着セットを買う
出石皿そば巡り
無
但馬國出石藩
特産品出石ちりめんの巾着の中に3枚永楽通宝が
永樂通寳
1枚で出石皿そば一人前（3皿）
② 出石皿そば巡り巾着セットが使えるお店を巡ろう！
へ〜
巾着セット持ってると施設の割引とかいろんな特典があるんだ〜
そこまで量が多くないから
ペロリいけちゃう！
薬味も充実!!
ねぎ
卵
とろろ
ワサビ
ちなみに…出石ではお箸の高さまで食べてこそ一人前の男と認められる!?
ヒロシ、男を見せろ!!
さすがにムリだし!!

松葉ガニ漁獲量日本一！地元っ子御用達の味を知る

兵庫の冬のグルメといえばカニでしょ！

兵庫でカニ？　北陸とか北海道の名物のイメージだけど？

いやいや、カニもいろんな種類があるけど、人気のあるズワイガニのオス、松葉ガニの漁獲量は兵庫県が日本一なんだ。主な漁港は日本海側の但馬で、関西人は、冬は但馬で温泉とカニっていうのが冬のプチぜいたくなんだって。カニの消費量・金額も意外に関西、多いんだ。

動く看板が有名な「かに道楽」が大阪発祥なのも関係あんのかな。

冬だけでなく但馬・香住港のベニズワイガニは9月解禁で食べられるんだよ。

うーん、殻むいてくれたら食べてもいいけどな……。

甘えるなー！

extra info　但馬でも新温泉町の浜坂港では、カニの目利き、調理法を知り尽くした、日本初の「かにソムリエ」が誕生！　カニ以外にホタルイカの水揚げ量日本一でも知られる。

日本のブランド牛のルーツを持つ兵庫・但馬は、もう1つ、海の高級食材でも知られる。カニだ。全国のカニの漁獲量は、トップが北海道で、兵庫は3位だが、ズワイガニのオスである松葉ガニに限れば兵庫県が1位。知られざるカニ王国なのである。

主な産地は但馬の香住《かすみ》港、柴山港、津居山《ついやま》港、浜坂港など。このあたりは外湯で有名な城崎温泉のほかにも温泉が多く湧く地でもある。

カニ好きの神戸っ子は寒くなってくると、「今年も行かな」と県北部に足を延ばす。カニを食べて温泉に入って、酒飲んで、というのがこの地の冬の贅沢ツアーなのだ。

交通機関や旅行会社も、JR西日本のその名も「かにカニ日帰りエクスプレス」やカニ食べ放題バスツアーなど、カニ大好き人間のための夢のプランを提供している。

とはいえ高級食材。地元っ子御用達のよりお値ごろなカニについても知っておきたい。

まず1つが、松葉ガニより早く、9月1日に解禁となるベニズワイガニ。ズワイガニよりも細身だが、甘みが強く、地元では香住ガニ、ベニガニなどと呼ばれる。もう1つがセコガニ。ズワイガニのメスだ。小ぶりだが価格も手頃。プチプチとした歯ごたえの外子と、濃厚な内子を味わえるのが特徴だ。

但馬に行くなら気軽に回れる外湯でひとっ風呂浴び、お手頃カニグルメを堪能したい。

たび活×住み活 43

城崎温泉の外湯文化を知る

今回、県北の城崎温泉と神戸市の有馬温泉の2つに行ったけど、全然、雰囲気が違っててておもしろかったね。

城崎温泉は、とにかく浴衣を着て歩いている人が多かったなぁ。女性は浴衣をかわいく着こなしてる人が目についたけど、男ってやせ型だと上手に着こなすの難しいんだけどな。

意外にファッションにうるさい男（笑）。浴衣姿で外湯巡りが城崎の風物詩だしね。小さめな旅館が目についたけど、外湯文化を守るために宿泊施設の温泉のサイズも上限が決められてるらしいよ。

へー。有馬は大規模な近代的ホテルが多い一方で、温泉街はくねくねとした急な坂が多くてこぢんまりしてたな。

地形の違いもあるんだろうね。

extra info　神戸（関西）人あるあるが、有馬温泉の老舗宿「兵衛向陽閣（ひょうえこうようかく）」のCMソング「有馬兵衛の向陽閣へ〜♪」を正確にハモれる！　シンプル&耳に残るメロディの作曲は、もちろん浪花のモーツァルト、キダ・タローさんだ。

温泉地の中心を流れる大谿《おおたに》川。川沿いの揺れる柳並木の下、外湯を巡る浴衣姿の観光客が下駄姿でそぞろ歩く。県北部有数の温泉地、城崎《きのさき》温泉の今も変わらぬ風情あるシーンだ。温泉地内にある外湯は全部で７つ。宿泊者は宿から支給される無料パスポートで、すべてを巡ることができる。

通常の温泉地ならば、宿ごとに風呂・設備の豪華さで競ったりするものだが、この地では外湯文化を守るために宿泊施設の温泉の大きさには制限が。そこには歴史的経緯も関係している。

実はこの地は１９２５年（大正14年）の北但大震災で大きな被害に遭い、温泉街が壊滅した過去がある。城崎だけで死者は３００名近く、損害額は１２００万円超(当時)にも上った。

温泉街の人々は、力を合わせ街全体の復興に取り組む。まずは外湯の復旧を進め、６か所の外湯を新築。道路や川の拡幅工事などの〝まちづくり〟を先行して実践していく。

こうした歴史も踏まえ、城崎温泉がモットーとするのは温泉街全体を〝1つの宿〟と捉えること。駅、旅館、土産店、飲食店、外湯など様々な施設の共存共栄を掲げているのだ。外湯を巡る人が増えれば、土産物店や飲食店も潤う。一部の人気旅館や飲食店が〝勝つ〟

のではなく、協力することで温泉街全体の活気を創出しているのだ。

また、日本三古泉の１つに数えられ、関西の奥座敷として親しまれているのが神戸市街地からもほど近い有馬温泉。豊臣秀吉（太閤さん）がこよなく愛した温泉といわれ、ねね橋、太閤橋、太閤通りの名が残る。

ココも震災によって、新たな発見があった地だ。古来から、太閤さんの湯殿があるとの言い伝えがあったが、95年１月の震災で壊れた極楽寺庫裏《くり》下から、秀吉がつくらせた湯山《ゆのやま》御殿の一部とみられる湯船や庭園の遺構、瓦や茶器などが４００年の時を経て発見されたのだ。

貴重な史料は「太閤の湯殿館」で見ることができ、薬師如来の導きで有馬温泉を訪れた僧、行基《ぎょうき》上人が建てたという温泉寺も残る。六甲山の中につくられたゆえ、こぢんまりとした温泉街のうねうねとした坂道を歩きつつ、有馬鉱泉の炭酸水を使ったサイダーでのどをうるおすのもいい。

兵庫の魅力、謎を解き明かす書籍『ひょうご雑学１００選』では、有馬温泉と城崎温泉を取り上げ、その違いについてユニークな指摘をしている。

曰く、権力者は有馬温泉を愛し、文人は城崎温泉を愛した、と。

城崎温泉は後にも触れるように、志賀直哉はじめ、松尾芭蕉、斎藤茂吉、泉鏡花、武者小路実篤など文人が多く訪れた。一方、有馬温泉は秀吉ほか孝徳天皇、舒明天皇が滞在した記録が残っているという。

有馬温泉は鉄を含む塩分の多い金泉（金の湯）、ラジウム泉と炭酸泉を使用した銀泉（銀の湯）が名物だが、栄華を愛する天下人は金泉、銀泉の湯につかり、山の上から眼下に広がる街並みを眺め、文人は川が流れ、柳並木が揺れる風情ある平地の温泉を愛したのではないか、と。

真相はわからないが、温泉街の成り立ちや街の雰囲気、地形の違いなどを考え併せると興味深い。

有馬温泉は神戸電鉄有馬線でもグルリ回って行けるが、バス、六甲ケーブル、六甲有馬ロープウェーを経由し、阪神間から六甲山越えでアクセスするのもいい。奥深い山の中にありながら、市街地にほど近いという神戸らしい地形も体感できるはずだ。

今回、宝塚市の山間、武田尾温泉にも足を運びましたが、神戸市からちょっと行っただけで武庫川の渓流と六甲山に囲まれた別世界。最寄りの武田尾駅もなかなかの秘境感でした。

「本×温泉」の街で文豪気分

城崎温泉って、文豪が多く訪れたんだろう。志賀直哉だっけ？

うん、城崎温泉に湯治に来た時の出来事を書いた短編『城の崎にて』が有名だね。定宿だったという創業300年、三木屋さんのゆかりの部屋を見学できるって聞いて見てきたよ。ありがたや。

ご利益あるかもな（笑）。

畏れ多いわ（苦笑）。でも、文豪に愛された温泉地として城崎文芸館を建てたり、独自の出版レーベルを立ち上げたり、文学をテーマに町おこしにも取り組んでるの。ユニークだよね。

じゃあ、これを縁にウチも城崎温泉で本を出してもらって、ベストセラー狙うか！

そう来たか……。

extra info 万城目学さんが城崎温泉に実際に滞在し、執筆した独自レーベル『城崎裁判』は、志賀直哉の『城の崎にて』のストーリーを元に、独自の万城目ワールドが広がる。刊行後、初版1000部がまたたく間に完売したとか。

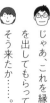

温泉地に行ったらお湯につかって美食・美酒三昧もいいが、「暮らすように旅する」なら、あえて部屋にこもって読書というのもいい。

そんな旅のスタイルが最も似合う温泉地の1つが城崎温泉だ。

ユニークなのは「本と温泉」なる独自の出版レーベルを持っていること。ケガの療養で城崎温泉に訪れた際の出来事を描いた『城の崎にて』の著者・志賀直哉の来湯100年を機に、新たな温泉地文学を送り出そうと、2013年、旅館の若手経営者で組織する城崎温泉旅館経営研究会が立ち上げたものだという。

既にベストセラー作家の万城目学さん、湊かなえさんの書き下ろしを刊行し、城崎温泉だけで販売している。ゼータクな執筆陣！

デザイナーらと組み、装丁にも一工夫。万城目学さんの本は、なんとタオルでできたブックカバーに包まれたもの。湊かなえさんの本は城崎温泉名物のグルメ、カニの脚を模したものだ。カニの装丁では、「カニのない季節でデザインに苦労した」といったユニークな逸話も残る。

温泉街には志賀直哉の展示や独自の企画展が楽しめる「城崎文芸館」があり、建物の前には足湯の施設も併設。肩肘張らずにまさに「本と温泉」が楽しめる。

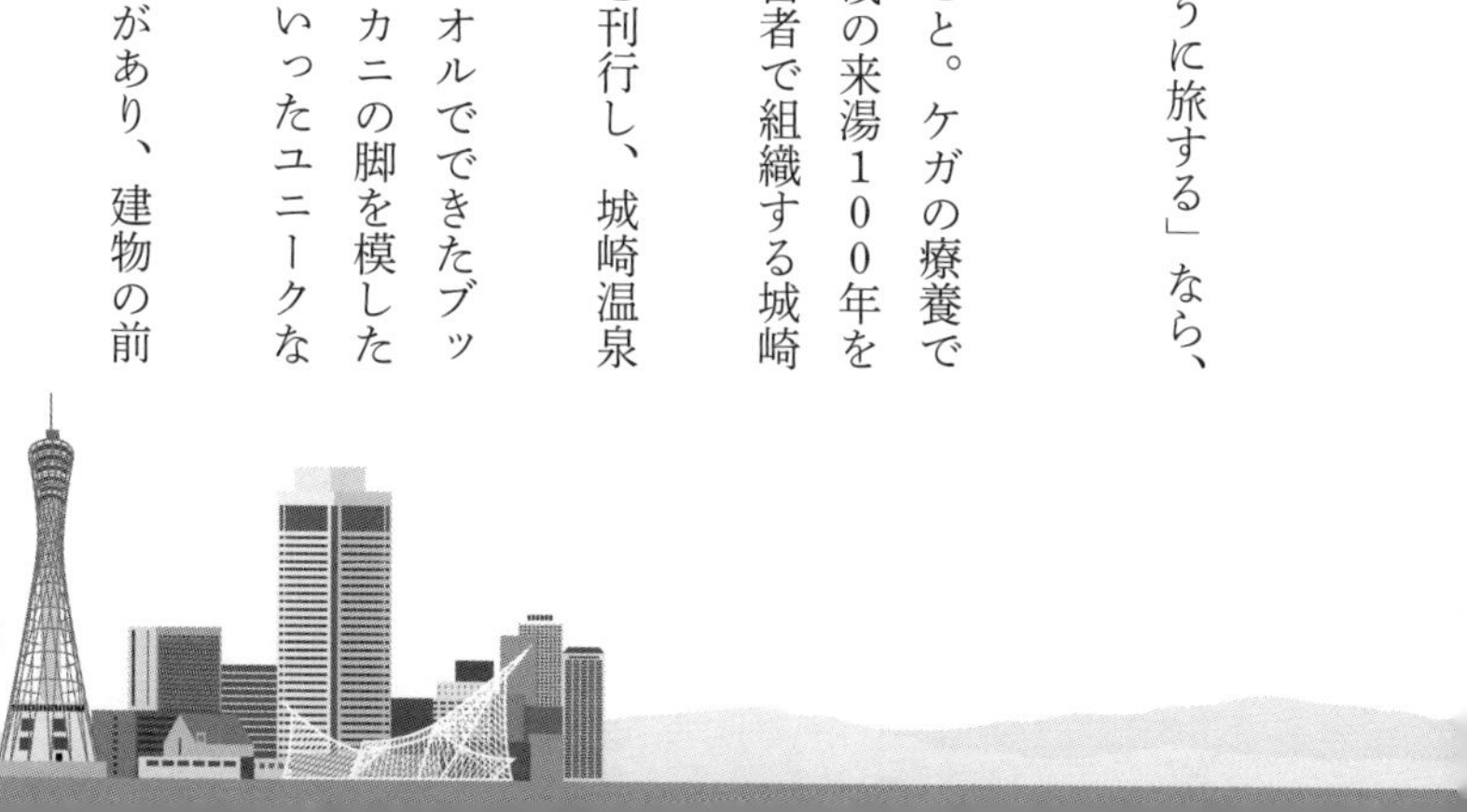

固有名詞は「さん」、語尾は「〜とう」をマスター

レイコはん、何してんねん？

ナニ、そのエセ関西弁、ヤメて（笑）。

レイコだって、たまにヘンな関西弁使うじゃん！

私はたくさんの関西人に取材してきた蓄積があるからね。キミの〝にわか〟とは年季が違うの。それに、そもそも「何してんねん？」は、どっちかといえば大阪弁で、神戸人は「何しとう？」が正解かな。

ホンマかいな？

そんな関西弁、お笑い芸人ぐらいしか使わんわ。知らんけど（笑）。

やっぱり、あんさんの関西弁もおかしいで。

ええ加減にせー、もうええわ（笑）。

extra info　姫路エリアの播州弁は独自性あり。もし「だぼ！」と言われたら関東の「バカ！」に値する要注意ワードでバトル勃発必至!?　一方、「べっちょない（大丈夫）」など、どこか素朴なほんわかモードの言葉も。

「関西弁って全部同じに聞こえる」という関東人でも、会話の中で「神戸の人やろ?」を見破ることが可能なキーワードがある。神戸弁の代表選手「〜とう」だ。

「何しとう?」(何しとん?)→「ご飯食べとう(ご飯食べてる)」

といった感じで使われ、ややのばし気味な語尾がマイルド神戸風。とかく関西弁は関東人からは偏見も含めてキツいイメージを持たれがちだが、〝おっとり神戸女子(男子)〟を気取れる。

神戸弁のルーツは、大阪を中心とする摂津弁と姫路を中心とする播州弁が入り混じったものとされている。

「とう」も、播州弁の「〜とる」の流れを汲むといわれるが、近年は大阪の言葉(摂津弁)と区別なく使われつつあるという。

たとえば「〜とう」の代わりに「〜よう」が同様に使われつつあるのもその1つ。

「〜よう」は、神戸弁独自の意味では「し始めている」状態を指す。よって、厳密には「雨が降っとう」なら「雨が降っている」、「雨が降りよう」なら「雨が降り始めた」になる。「ご飯食べよう」なら「ご飯食べ始めたところ」、「あいつ車、買いよう」なら「最近、買った」、「車、持っとう」なら「車を持っている」という微妙な時差があるのだが、摂津弁で

は「～よう」を、同じ「～している」の意味で使うためか、神戸人も区別せずに使うケースが増えている。

同じく、大阪、京都でも耳にするのが、人間以外の固有名詞を「さん」づけすること。例えば神戸の代表的な3つの神社として挙がるのが生田神社と湊川神社、長田神社。

地元の人からは「生田さん」「楠公《なんこう》さん（楠木正成が祀られている）」「長田さん」と親しみを込めて呼ばれる。県の初詣の人出ランキングではスリートップ。距離も近いため「神戸の三社参り」といって、初詣の定番コースでもある。

「生田さん、行こう」などと言われて、「それ、誰?」という返しは基本的ミスだ。

また、大阪弁にも共通するが、テレビに出る吉本芸人のようなコテコテの関西弁は、今どき使われない。

「変なエセ関西弁」を得意気に使って、大阪人ほどにはドツかれなくても、さすがの神戸人からも「間違っとうで」と、やんわり突っ込まれるリスク大。ご注意を！

何度も言ってますが、どうも関西弁はキツく感じて今だ苦手です。関東人のオレには大阪弁も神戸弁も京都弁もほぼ同じに聞こえます……またもや、ゴメンなさい（苦笑）。

レイコはん何してんねん？
その工セ関西弁やめて!!
うわっ
レッレイコだってたまにヘンな関西弁使うじゃん!!
キミの〝にわか〟とは年季が違うのよっ!!
何年関西人に取材してきたと思ってるの！
そもそも「何してんねん？」は大阪弁で神戸人は「何しとう？」が正解
ホンマかいな
そんな関西弁お笑い芸人しか使わんわ
知らんけど
あんさんの関西弁もおかしいで
ええ加減にせえ!!
バシッ
所詮はキッショい（サムい）関東人夫婦のエセ夫婦漫才

たび活×住み活 46

「日本へそ公園」で〝へそ〟を探す

全国、いろんな公園行ったけど、名前のユニークさで日本一だね。日本へそ公園！

日本列島の真ん中ってことだよね。肝心のへそはどこにあるんだ？

公園の案内図を見たら、新旧2つのへそがあるらしいよ。

なんだそりゃ⁉

これがGPS測量で割り出したっていう新しいへそ。古いへそは？……公園内にないみたい。

発見！……線路渡ったとこに標柱が立ってる。若干、地味だなー。場所ももはや公園にないし、地元の人はあまり興味ないみたいだし……。

せっかくの元祖・へそに、もっとスポットライトを！

extra info　このあたりのご当地ラーメンが「播州ラーメン」。播州織の町で、多くの女工さんが働いていたため女性の好みに合わせたという甘めのスープが特徴。西脇市を中心に北播磨エリアで食べられている。

北播磨エリアに位置する西脇市。県外の人は「初耳」というエリアやもしれないが、実は海外の高級ブランドの生地にも使われる播州織の生産地。そして、ココは日本の中心地点、いわゆる〝日本のへそ〟がある市なのだ。

経度と緯度の計算から、外部の専門家の指摘を受け、旧陸軍参謀本部陸地測量部が正式に計測。日本標準時東経１３５度と北緯35度が交差する、同市内加古川の河川敷の地点に標柱が建てられたのが１９２３年、大正12年のことだ。

その後、しばらく〝へそ〟の存在は忘れられていたようなのだが、市制25周年を迎えたのを機に、市のアピールとして〝日本のへそ〟を宣言。

83年には従来の岡之山公園を拡張し、「日本へそ公園」と名乗る。潔い改名、斬新！公園内には西脇市出身のアーチスト・横尾忠則さんの作品も展示された岡之山美術館を建設。国内最大級の81センチメートルの大型反射望遠鏡、プラネタリウムなどを備えた科学館も設置される。

85年には最寄り駅として加古川線・日本へそ公園駅が開業。〝へそ推し〟はさらに続き、90年には国土地理院の協力を得て、ＧＰＳ測量により「もうひとつの日本のへそ（平成のへそ）」を制定。元祖へそ地点からは、約４４０ｍ離れた場所で、守護神の槍をイメージ

したという4本の柱が立つモニュメントが建てられた。

新旧2つのへそ地点をもつユニークな場所となっているが、新しいへそに対し、元祖へそはひっそりと線路の脇の河川敷にあるため、地元っ子もその存在を知らなかったり……。ともあれ公園には多彩な遊具もあり、憩いの場所として親しまれている。

ちなみに、西脇市が生んだ著名人には横尾忠則さんに加え、ミュージシャンのトータス松本さんがいる。郷土愛が強く、秋祭りなどの地元のイベントなどの際には時間を割いて駆けつけるとか。トータス松本プロデュースの播州織カーゴパンツも生まれている。

また、20歳まで西脇市に住んでいたという横尾さんの作品には、駅舎や寺といった地元のモチーフやイメージを取り入れたものが多くある。高校時代からアルバイトで町の商店の包装紙やロゴマークなどのデザインも手掛けていたとか。

地元の資料には、高校生の時、市内の童子山上空でＵＦＯ（洗面器大のオレンジ色の光体）を見かけたという、横尾さんならではのユニークな逸話も残されている。さすが奇才！

スポーツ好きなオレ的に西脇市といって頭に浮かぶのは西脇工業高校。レイコも好きな箱根駅伝の選手の出身校でよく見かけます。

日本の中心地
日本へそ公園に
やってきました
駅の名前からして
インパクト大
JR
日本へそ公園
にほんへそこうえん Nihonhesokōen
肝心のへそは
どこだ?
2つへそがあるんだって
こっちが新しい
平成のへそ
ほ〜〜
金がかかってそうだな
もう1つのへそは?
あれっ、
公園の外みたい
日本へそ公園
マップ
ココ
JR
へそ公園駅
平成のへそ
線路
くぐるのか
あっ…コレ…?
ちょっと地味……。
お墓じゃなく…?
ポツーン…
ココが
へそ地点
元祖なのに、
公園外に放置か!?

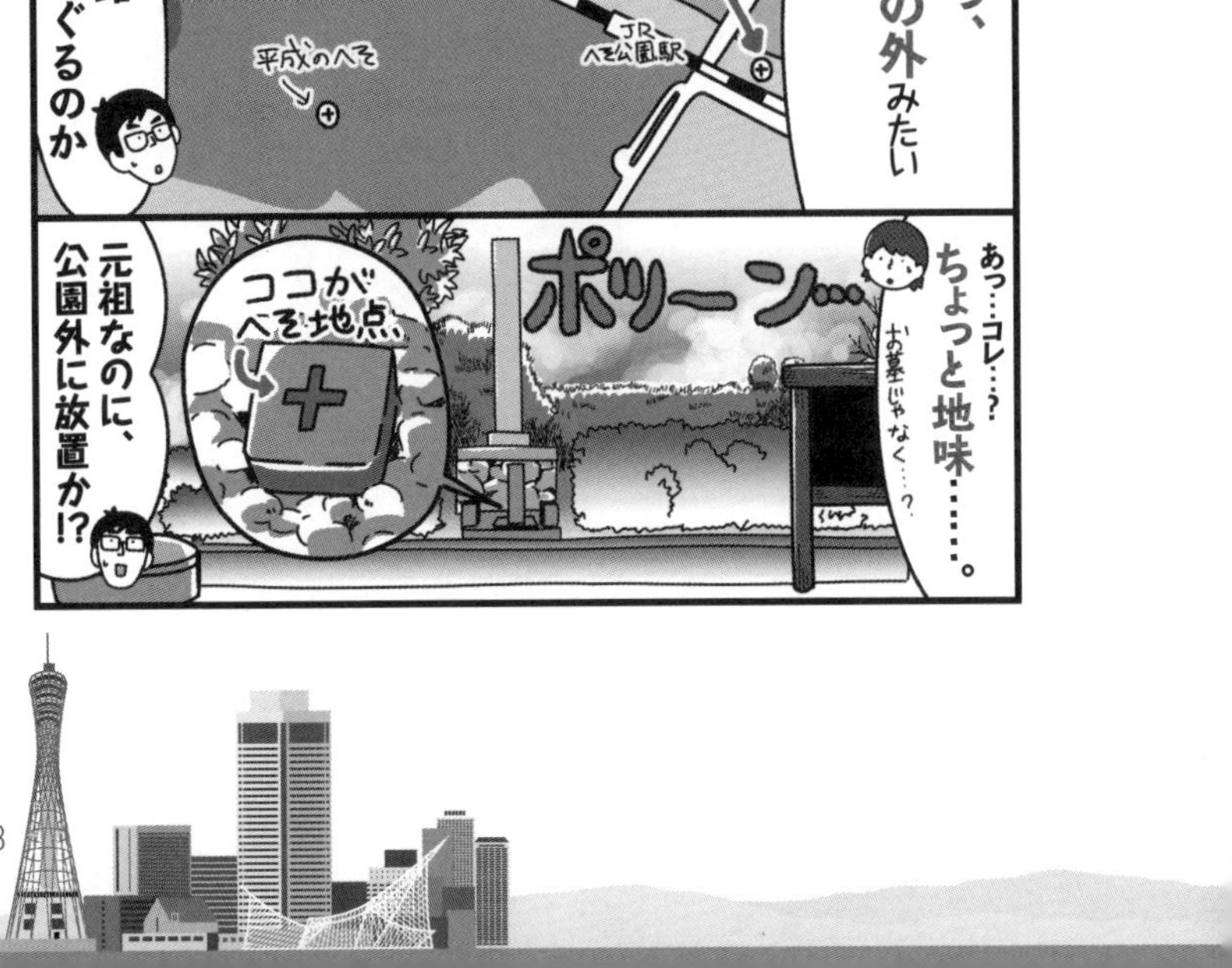

たび活×住み活 47

ブラジル移民の歴史を知る

信州本の取材でも満州国に移民として送られた「満蒙開拓団」の悲惨な歴史について知ったけど、この地にもブラジル移民の歴史が残ってるんだな。

広島の本を書いた時にも農地を継ぐ長男以外の農家の若者が、多くブラジルに渡ったって聞いたけど、全国から移住希望者がここに集まってきてたんだね。

特に満州事変が起こってからは、ブラジルなんかでも日本の移民が排斥されたって聞くし、いろんな本も読んだけど、神戸港が出発点だったというのは初めて知ったなあ。

神戸を訪れた外国人が多かったように、ココから海外に渡った日本人も多かったんだね。これも港町ならではの歴史ということなんだなー。

extra info　作家の石川達三は、自分の体験を元に、貧しい生活から脱するためブラジル移住を決意した農民たちの暮らし、その姿を描いた小説『蒼氓』で第一回芥川賞を受賞した。

神戸には開港を機に多くの外国人が訪れた歴史に加え、日本での貧困、食料不足の生活から脱却しようと海外移住の道を選んだ日本人の歴史も残る。

神戸の地を流れる鯉川を暗渠化し、道路としたことに由来する鯉川筋。

この鯉川筋は居留地の東の境、西の雑居地（南京街を含む）との境だったため、ディヴィジョン・ストリート（境の通り）と呼ばれたが、かつて、もう1つ異なる名前があった。「移民の道」だ。

日露戦争後の不況下、ブラジルのコーヒー農園で働くべく、全国から集まった人々を乗せた船「笠戸《かさと》丸」が神戸港を出港したのは1908年のこと。28年には国が移住者を支援するべく国立移民収容所（後に神戸移住センター）を建てる。

それが鯉川筋の坂を上り、異人館などが並ぶ山本通の坂上にある今の「海外移住と文化の交流センター」だ。93年の制度廃止まで、同所を経て30～40万人がブラジルに移住。だが、当初は移民先でコーヒーの収穫も見込めず、苦しい生活を強いられたとか。

同交流センターは関西在住のブラジル人コミュニティの拠点としても機能し、移住ミュージアムでは移民の歴史を辿ることができる。海外移住を志した人たちが何を思い、坂を下り港に向かったのか。考えるきっかけにしたい。

〝ハイテク＋農業〟。独自の移住・起業支援策を知る

兵庫、神戸って人口減少対策ってどうなの？ 神戸市はあんまり困ってなさそうだけど。

意外にも人口減少は深刻で、政令指定都市で福岡市や川崎市にも抜かれてるらしいわ。郊外のニュータウンの過疎化が進まないよう市中心部のタワマン新築を規制するって記事も新聞に出てたし。

意外だな。

でも企業誘致ではスタートアップの呼び込みを積極的に進めてて、シリコンバレーのベンチャーキャピタルと組んだ育成プログラムとかも進めてるの。

医療産業都市構想でも先行してるしな。

一方で、西区や北区では農村定住促進なんかもやってて、〝ハイテク＋農業〟が至近で両立してるのも神戸っぽいよね。

extra info 県では、ふるさとへの思いをつなぐべく、県外の県民向けの「ひょうごe-県民制度」をスタート。地域情報の提供や県産品購入などの特典付きで交流・移住につなげる取り組みを進めている。

意外にも政令指定都市のなかでもいち早く人口減少、少子高齢化の問題に直面する神戸。その解決の糸口にテクノロジーを据え、企業と連携しながら先進的取り組みを進めている。その1つがスタートアップ企業の支援だ。2016年からはシリコンバレーのベンチャーキャピタルと組み、スタートアップの育成プログラムを実践。神戸市内にはコワーキングオフィスも続々誕生している。ICT立国を目指すルワンダ共和国と組み、アフリカでの起業体験プログラムなども実施。さすが国際都市の先駆け！ 医療産業都市構想で先端企業の集積が進んだ先駆者ならではともいえようか。

さらに他にはない魅力としては、海があり、山が身近にある自然豊かな環境は神戸ならでは。人・環境に優しいIT都市としてさらに注目を集めそうだ。

その一方、北区、西区では農村定住などを進めるほか、県全体で見ても養父市大屋町は旧高校を利用した拠点施設「おおやアート村BIG LABO」を核に芸術家が移り住む〝アートのまち〟へと転身。丹波篠山《たんばささやま》市では古民家を改修し、移り住む若い世代も増えつつある。ユニークなのは家島の〝週末島活〟。平日は都市部で働きながら、週末は自分の特技などを活かして小さな商いをやりたい人の呼び込みを進めている。

ハイテクから農業まであれこれ。移住施策・企業誘致も多様なのがこの地らしさなのだ。

「東遊園地」で阪神・淡路大震災の記憶を辿る

去年、キミが行きたかったポーランドに旅行したじゃん。

うん、歴史好きとしては自分の目でアウシュビッツの強制収容所を見たいと思ってたから。行ってよかったよ。

実はポーランドと神戸って密な関係があるんだ。阪神・淡路大震災の翌年、震災で親を亡くした日本の子どもたち30名を3週間も招待してくれたの。

ポーランドって親日国っていうしな。

それも1919年、独立したポーランドとの国交が樹立されたのを機に、日本がロシアに流刑されてた孤児の帰還を援助した縁なんだって。

律儀固い！　それにしても歴史って大事だな。戦争も震災のことも風化させずに伝えていかないと。

extra info　ベイエリアの「神戸メリケンパーク」には震災当時の被害の様子をそのまま保存した「神戸港震災メモリアルパーク」もある。併せて訪れ、歴史を知り、防災への意識づけの機会にもしたい。

毎週土曜は「ファーマーズマーケット」（P62）が開催されるなど、市民の憩いの場である神戸・三宮の東遊園地。1995年、1月17日に起きた阪神・淡路大震災の記憶を風化させないための役割も持つ。

犠牲者への鎮魂の意と復興の希望を託して、95年12月にスタートしたイベント「神戸ルミナリエ」の光の彫刻物・ガレリアが登場する場所でもあり、1月17日の日には追悼イベントも。近年、ルミナリエは観光イベントの意味合いも強くなっているといわれながらも、復興途上にあった神戸の街を照らす〝光の芸術〟に心を慰められた記憶を持つ人も多い。

また、設置された「慰霊と復興のモニュメント」には亡くなった方の名前を刻んだ銘板が掲示され、被災10市10町を巡って運んだ種火と47都道府県から寄せられた種火を1つにした「1・17希望の灯り」も位置している。

新たな施設も誕生予定。建築家の安藤忠雄さん設計による「こども図書館神戸（仮称）」だ。子どもたちにもっと世界に目を向けてもらうとともに、震災を忘れてほしくないという思いから企画されたという。

開港以来の比較的歴史が新しい地ゆえ、過去にことさら執着しないともいわれる神戸人とて「1・17」は決して忘れられない日である。心に留め、その歴史を知っておきたい。

“住みやすい！”の背景を考える

「関西で住みたい街ランキング」なんかの調査で、神戸や阪神間っていつも上位に挙がるんだよね。

確かにイメージやブランドだけでなく、阪神間はプラプラ街なかを歩いてても川があって、緑も多くて気持ちがいいよね。

近年は少子高齢化の影響もあって人口自体は減ってるっていうけど、震災が起こった時も、多くの地元っ子は神戸を離れることをしなかったっていうしね。むしろ地元のために何かをしたいとUターンした人も多いみたい。

都市なのに人も多すぎず、ゆったりしてる。ビジネスの場は大阪でも、住むのは神戸がいいという声をよく聞くけど、生活のしやすさがキモなんだな。

extra info　「住みたい街（駅）ランキング2019関西版」（SUUMO）では、1位に西宮北口、3位神戸三宮、5位夙川、6位岡本とトップ10に4駅がランクインしている。「京都で学び、大阪で働き、神戸に住む」が関西人の理想といわれたりする。

「街の住みここちランキング2019関西版」(不動産会社・大東建託調査)で1位に夙川、3位に西宮北口、4位六甲道、5位に岡本の4駅がランクイン。それぞれ静かさや治安、自然、イメージ、商業施設や交通の利便性などが評価された結果で、憧れではなく、現在住んでいる街・駅についての満足度調査ゆえ、リアルな声といえよう。

また、『現代の県民気質』によると「今住んでいる所は住みよいか?」という設問に、全国平均を上回る約87%の人が「イエス」と答えた。コレ、兵庫県の結果だ。すごいのは、この調査が震災の1年後、1996年に実施されたものであること。それだけ神戸人が自分の街に自信を持ち、可能性を信じていたという証だろう。また、県全体でこの数字なのだから、住みやすさを感じているのは神戸・阪神間の人だけではない。県北部でも、豊岡市・城崎温泉が北但大震災で壊滅した際、人々は決して逃げることなく助け合って街の復興を目指した。その結果が、外から多くの人が訪れる温泉地のにぎわいにつながったのだ。

この地は神戸に限らず、水害、空襲、震災と数々の災害に見舞われてきた経緯がある。そのたびに何かは失われつつ、ゼロから立ち直り、自分たちの生活、愛する街を取り戻してきた。自然やグルメなど先天的なものに恵まれていただけではない。

自分たちの手で〝街〟を守ってきたのも大きいのだ。

BE KOBE BE HYOGO——この地の人の魅力を知る

県全体、回ってきたけど、キミの関西人・関西弁への苦手意識、少しは変わった？

関西弁は今だに慣れないけど（笑）、お店の人と話してて、感じがいい人、親切な人が多いなーって思ったな。

うん、距離が近すぎず、遠すぎず。ヨソ者でもふらっとなじめて、東京から来たからといっても、フラットに接してくれる雰囲気があるよね。

そこが本心が見えにくい京都人や、東京への対抗意識が見え隠れする大阪人と少し違うところかな。関東人の偏見もあるけど（笑）。

で、いざとなると助けてくれる。一度、道に迷ってたら、「どこ行くん？」って声かけてくれたおじさんがいたよね。さりげない温かさが心地いいんだよね。

extra info　モニュメント「BE KOBE」については、よじのぼって撮影するなどのマナーが悪い人の存在が全国ニュースにもなった。ついた足跡や亀裂の補修工事にはかなりの費用も！　込められた思いに寄り沿いマナーを守って撮影したいもの！

「BE KOBE」。

〝神戸らしさ〟を感じられる海沿いのメリケンパークに設置されている真っ白なモニュメント「BE KOBE」。インスタ映えする撮影スポットとして観光客にも人気だ。

これは外部の人に加え神戸市民へのメッセージでもある。「神戸はもっと神戸であれ」。特設サイトによると、このメッセージは阪神・淡路大震災から20年を迎えた2015年1月、市民からのヒアリングを経て、「神戸の魅力は人である」、歴史的に新たなモノを柔軟に生み出してきた地として、「新しいことに挑む人や気持ちを愛する」「神戸を誇りに思う」という声を反映したいわゆるシビックプライド・メッセージだという。

筆者は以前、13年に刊行した拙書『神戸ルール』で、この地の人々についてこう記した。「おっとりした明るさを持ち、他と比較してうらやんだり、自虐的になったりもしない」「だからこそ。様々な災害時も手を取り合って再生を遂げてこられた経緯もある」。

それは兵庫全体にもいえることだろう。これまで触れたように震災から再生を遂げた城崎温泉、地形・気候の特性を活かしたブランド野菜やブランド牛を生み出す但馬・丹波、姫路城や独自のグルメを有する姫路など。それらを育み、守るのはその地の人でしかない。

神戸らしさ、兵庫らしさをつきつめた先に見えてくる人の魅力。じっくり感じたい。

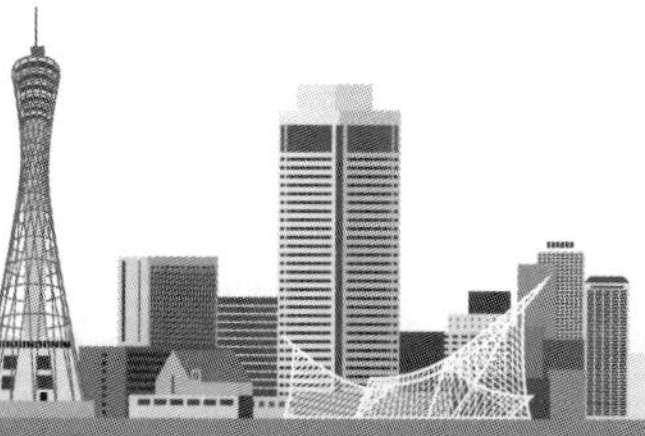

たび活×住み活 52

歩道橋が多い!?を探る

街を歩いてて、神戸・兵庫って歩道橋が多い気がしてたんだけど、調べてみたら図星。県で見ても東京、埼玉、愛知、大阪あたりに次いで多くて、政令指定都市でも京都の2倍ぐらいあったよ。昔、明石花火大会の歩道橋事件もあったし、歩行者への配慮がもっと進んでもいいかもな。

確かにね。三宮駅でも街なかに出るのに階段を上がったり、下がったりした記憶があるけど、駅前の再整備（P16）では人と公共交通機関に優しい街づくりを掲げてるし改善されるのかな。

うん、災害対策の面からもバリアフリー化を進めていくらしいよ。

高齢化も進んでいくわけだから、高低差がない優しい町かどうかも、住む上で大事なポイントだね。

extra info　神戸市は街の整備の一環として、街灯を増やすことも表明している。昼間だけでなく、暗い夜も誰もが安心して歩ける街をつくるという取り組みが広がっていくことに期待！

たび活×住み活 53

神戸へのベストアクセスを考える

私、神戸空港ってこぢんまりしてて結構好きなんだけど、改めて考えたら1回しか使わなかったね。

便数が少ないんだよね。となると、伊丹空港のほうが使いやすいんだよな。

新幹線も地元っ子に聞くと、新神戸より新大阪から乗るって人も多いって。

神戸と大阪、近いもんな。

個人的にツボにハマったのはコウノトリ但馬空港。プロペラ機、結構揺れるし、空港もさらにこぢんまり。

山の中につくったから昔は霧とか悪天候で引き返すことも多かったらしいね。

ローカライザー（計器着陸装置）を導入して改善したみたい。それにしても海を埋め立ててつくった神戸空港と対照的。やっぱり兵庫、広いわー。

extra info　但馬空港については、近辺の自治体、豊岡市・養父市・朝来市・香美町・新温泉町では住民が空路を利用した際に助成金を出す制度を設けている。地元っ子は使わない手はナシ!

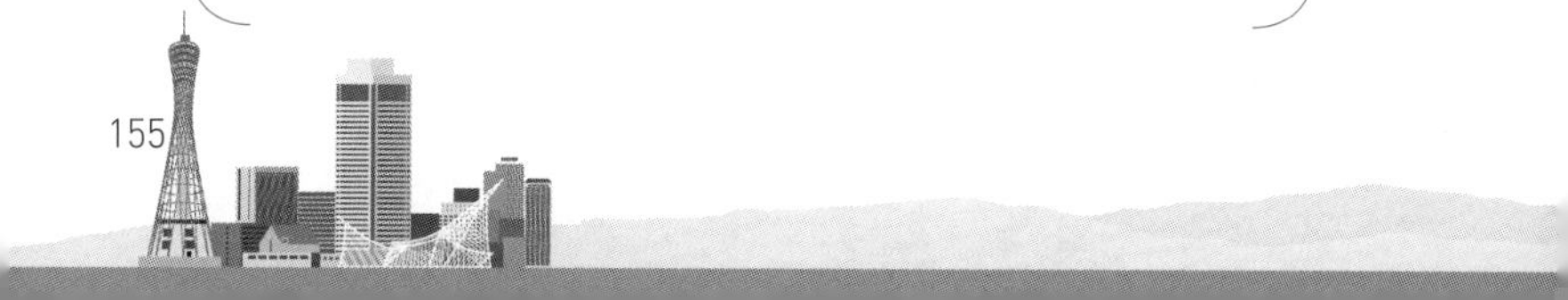

見えるor見えない!?
“天空の城”で運試し

ずっと行ってみたかった天空の城、竹田城跡。展望スポットの立雲峡からちらっと雲海が見えたけど、9月はまだシーズンが早かったかなあ。

欲張り過ぎなんだよ。朝、早すぎても暗くて見えないし、気温が上がると消えるしタイミングも難しいよね。

気温差次第だからな。前に北海道の摩周湖で見た雲海はスゴかったなあ。

季節や天候によって見える、見えないというのも運試しみたいで楽しいかも。早朝散歩もよかったし。

オレ的に、竹田城跡もいいけど、JR竹田駅線路沿い、寺町通りの川が流れてる場所、癒されたなあ。

また、川？

extra info 竹田城跡は形が虎が臥せたように見えることから「虎臥(とらふす)城」、雲海に浮かぶ姿から天空の城、日本のマチュピチュとも呼ばれる。大小様々な自然石を大胆に積み上げた“野面(のづら)積み”と呼ばれる石垣も迫力あり!

お城大国の
マニアな城を知る

姫路城、竹田城以外にも、明石城でしょ、赤穂、洲本、出石、尼崎、花隈と……兵庫でかな〜り城見たかも。

兵庫って１０００超の城跡がある城の大国なんだろう。

なんで、こんなに多いのかな？

５つも国があって、日本の真ん中で交通の要衝だったこと、山が多いから敵から攻め込まれにくいという戦略から山城が多く築かれたのもあったんだろうね。天下統一を目指した信長や秀吉も攻め入るのに相当、手こずったっていうし。

さすが歴史ツウ。

今年のＮＨＫの大河は明智光秀が主人公だから、光秀ゆかりの丹波の黒井城とか八上（やかみ）城あたりがクルかもなー。

extra info　丹波国の黒井城は、姫路城の基礎となる城を築いた武将・赤松貞範が築城したのがはじまり。〝丹波の赤鬼〟と呼ばれた赤井直正が城主だった時代、明智光秀を一度は退けた堅城として知られている。

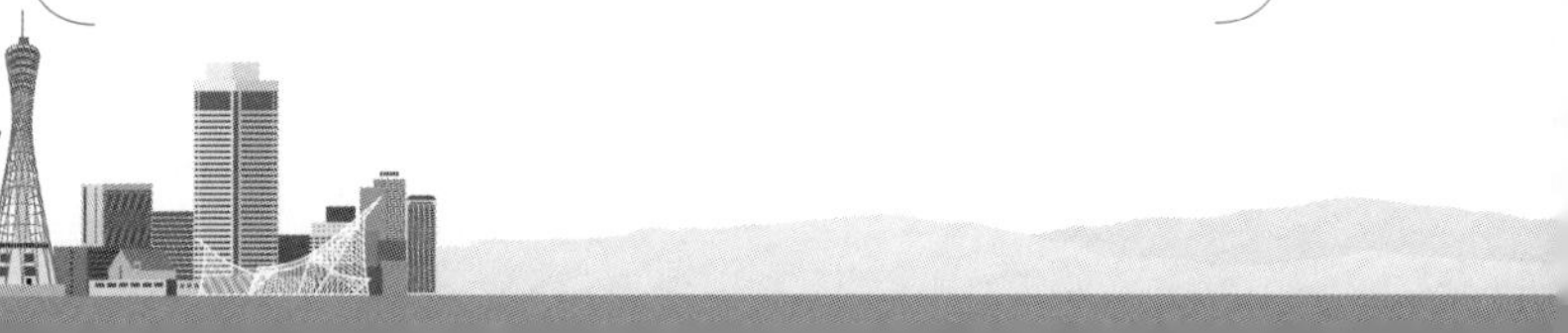

福知山線
列車事故現場に祈る

去年、福知山線脱線事故に関して、遺族の戦いを描いたルポ『軌道』を読んでね。そこで現場の慰霊施設「祈りの杜」が公開されてるって知って、ずっと来たいと思ってたんだ。

事故が起こったのが2005年だからもう15年経ったんだ。関東ではあまり大きく話題になってないけど、ずっと裁判やってたんだよね。

本は責任追及より事故の原因究明に、当事者のJRと一緒に取り組んでいく遺族を追ったものなんだけど、組織犯罪という一言じゃ片付けられないよね。

二度と起こしちゃいけないけどね。現場を見ると、組織のあり方とか、考えさせられるよなぁ。

extra info 死者107人、重軽傷563人の犠牲者を出したJR福知山線脱線事故。その慰霊施設「祈りの杜」には事故に関する資料、衝突したマンションを中心に事故現場、救急・救助活動が行われた場所が保存してある。

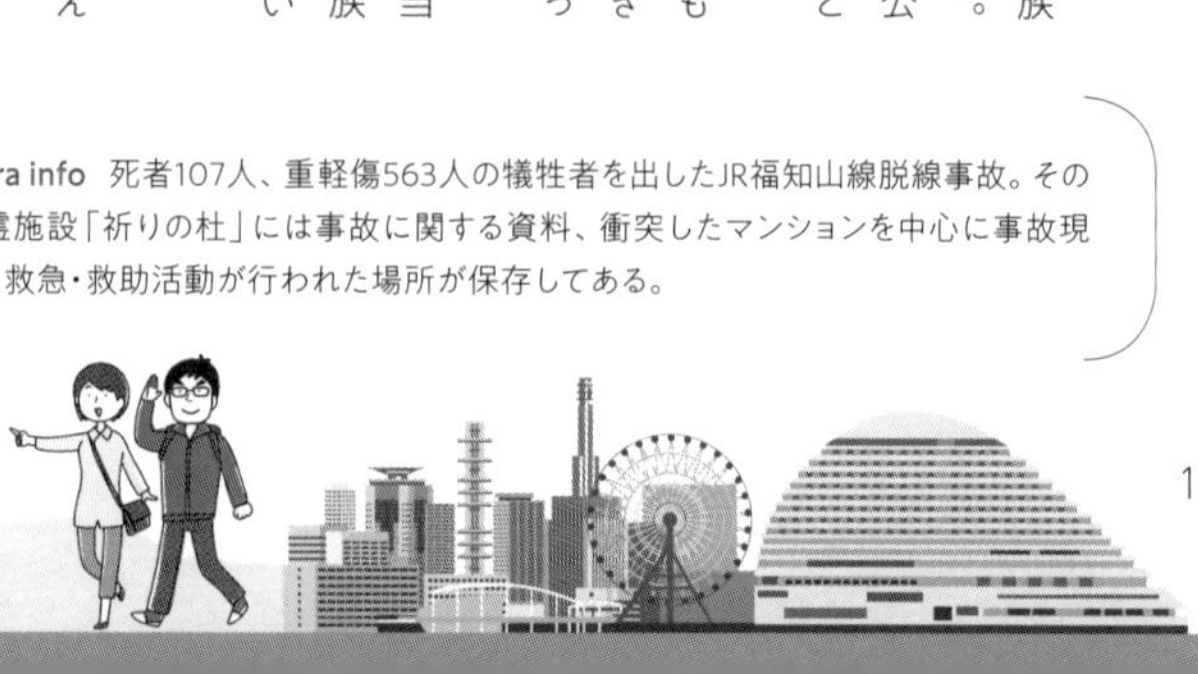

神戸新聞＆サンテレビをチェック

地元のテレビの「サンテレビ」って、ベタな感じが大阪のローカル局かと思ったら、神戸なんだな。

そうそう、キャラは太陽を〝おっさん〟に擬人化した「オッサン」、タイガース戦は必ず全試合完全中継。神戸の意外な庶民っぽさが出てるよね。

地元紙は神戸新聞？

神戸ってついてるけど兵庫県全域をカバーしてて、本社が神戸と姫路に2つ、23支局、12の地域版があるの。

記者は大変だな。

で、なんと創刊以来、無休刊の伝統を守ってるの。阪神・淡路大震災の時も京都新聞の製作援助を受けて刊行したんだよ。

extra info　阪神・淡路大震災時の刊行の経緯、当時の震災報道については『神戸新聞の100日間』に描かれている。被災者でありながら取材を続ける記者の姿がリアルに著されており、震災時の神戸を知る好書。

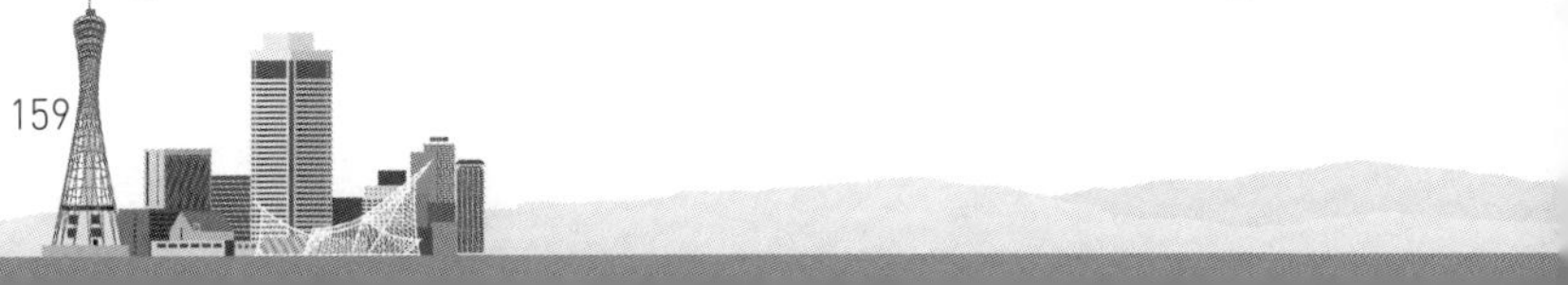

たび活×住み活 58

春は「いかなごのくぎ煮」にトライ！

明石の食堂で食べた、いかなごのくぎ煮って覚えてる？

あー、あのちっこい魚で茶色に煮込まれた地味なヤツ？

失礼ね。これぞ春の風物詩。春先に水揚げされるいかなごの稚魚の佃煮で、瀬戸内海に面した県南部を中心に、今や神戸市周辺の家庭でも広くつくられるおふくろの味なんだよ。

へー、神戸っぽいグルメとはイメージ違うな。

キロ単位で作って親戚や子どもに送ったり、ご近所で味見しあったりのコミュニケーションツールでもあるんだ。

で、自分の家のが一番おいしいと思ってる、とか（笑）。信州の野沢菜みたいなもんか。ベタなソウルフードもいいね。

extra info　春先になると、自作のいかなごのくぎ煮を子どもや友人に送る人が増えるため、郵便局や宅配業者も大忙し。くぎ煮を送る専用のプラスチック容器も売られている。

たび活×住み活 59

ぼっかけってナンだ？を知る

神戸牛だとかカニだとか高級食材もおいしかったけど、意外にオレ的ナンバーワンは、兵庫区和田岬近くの立ち食いの店「味沢」で食べたぼっかけうどんかも。

牛すじ肉をやわらかく煮込んだぼっかけが、関西ならではのだしのきいたおつゆとやわらかうどんにマッチしてたよね。見た目はインスタ映えしないけど（笑）。

出し巻きなんかもそうだけど、関西は甘さも塩味も濃すぎず、だしの味がウマいんだよな。

玉子焼は甘め派、肉はヒレ派のキミもようやく、本当においしいものがわかってきたようだね。フッフッフッ。

extra info　ご当地ではすじ肉を入れたお好み焼きも人気。元は“にくてん”と呼ばれ、高砂市では今もご当地グルメとして「にくてん」推し。すじ肉とこんにゃくを甘辛く煮込んだ“すじこん”とじゃがいもを入れるのが特徴。

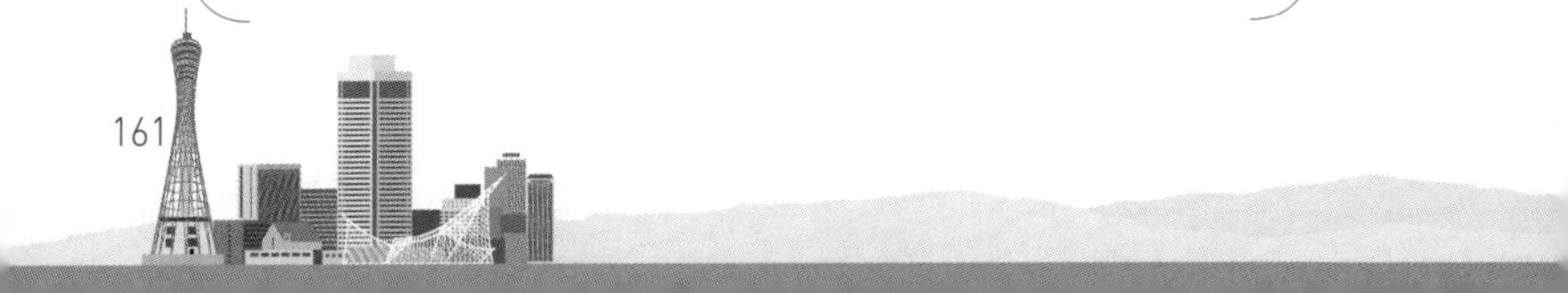

企業ミュージアムで地元発祥企業を知る

今回、いくつか企業ミュージアムを回ったけど結構見ごたえあったね！

特におもしろかったのがアシックススポーツミュージアム。著名オリンピック選手や野球選手が愛用したシューズやバット、グローブなんかが展示されてて気分アガったわー。

ラグビーW杯で優勝した南アフリカにジャージも提供してるんだっけ。

そうそう、〝つかまれにくく、逃げ切りやすい〟素材を工夫してるんだ。南アの優勝に一役買ったわけだな。

UCCコーヒー博物館はコーヒーの飲み比べも楽しかったし、川崎重工業のカワサキワールドでは創業者と初代社長が実は同郷の鹿児島県民って知ってちょっと誇らしかった（笑）。

extra info 川崎重工業の初代社長・松方幸次郎さんは事業の傍ら、私財を投じてロンドンやパリで著名な画家、モネやルノワールなどの絵画を日本の若い画家のためにと購入。その一部は国立西洋美術館に収蔵されている。

データ編

「兵庫五国」ってナンだ？を知る

日本列島のほぼ真ん中に位置し、北は日本海、南は瀬戸内海に面する兵庫県。県土を東西に縦走する中国山地によって、南北に地勢や気候が大別され、多様な風土に多様な生活が営まれている。また、各種調査で関西の「住みたい街ランキング」に常に神戸市・阪神間が挙がるなど、住みやすさもお墨付き。ここでは兵庫全体の概要と、5つのエリアごとの特徴、移住相談先なども紹介していく。

ザックリつかもう！ 兵庫ってどんなとこ？

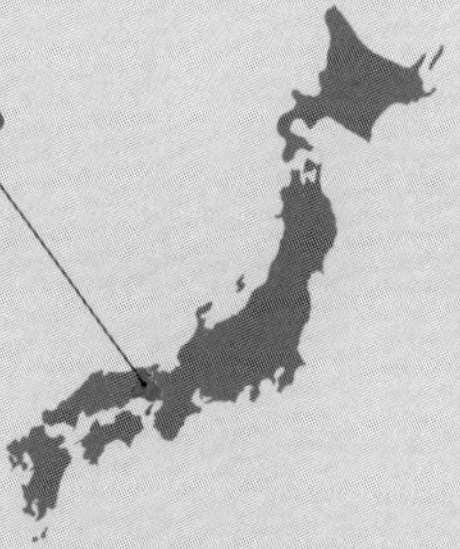

<広さ>

面積：約8400平方キロメートル
人口：約5460万人
在留外国人数：約11万人

<気候>

- 県土を縦断する中国山地を境に、積雪や雨が多い日本海型気候、雨が少なく温暖な瀬戸内海型気候に分かれる。
- 北部の日本海型気候では、シベリアからの季節風の影響で降雪量が多く、中央山岳地帯は内陸型の気候で寒暖の差が大きい。

<生活・医療>

- 人口10万人当たり医療施設従事医師数242.4人（全国平均240.1人）
- 14の県立病院があり、世界初、国内唯一の治療装置を持つ県立粒子線医療センターなど高度医療を担保
- 「兵庫県医療機関情報システム」で近隣の医療機関や専門医を検索できる
- 全国初、認知症対策「神戸モデル」を施行（認知症診断助成制度＋賠償責任保険などの事故救済制度。65歳以上の神戸市民向け）

資料　厚生労働省「平成28年医師・歯科医師・薬剤師調査」、兵庫県の移住ポータルサイト「夢かなうひょうご」、兵庫県公式観光サイト「HYOGO!ナビ」、各自治体パンフレットなどを参考に作成しました。

さらに深掘り!
「兵庫五国」の5エリアの特徴をつかもう!

住居を構えるにも、遊びに行くにも、エリアによって気候も違えば、
楽しめるレジャー、中心となる産業も異なる。
その特徴を紹介していこう!

但馬

豊岡市、香美町、新温泉町、養父市、朝来市

兵庫県最高峰の氷ノ山をはじめとする山々と、日本海に囲まれるエリア。気候は夏は暑く、冬は寒さが厳しい。豊かな自然に囲まれ、トレッキングやスキー、海水浴、キャンプなど、アウトドア派におすすめ。自然の中での子育てにもいい。農業、漁業、畜産業といった一次産業が盛んなほか、自然に囲まれた地でのクリエイターなどの起業も増えつつある。

播磨

明石市、加古川市、西脇市、三木市、高砂市、小野市、加西市、加東市、多可町、稲美町、播磨町、姫路市、相生市、たつの市、赤穂市、宍粟市、福崎町、神河町、市川町、太子町、上郡町、佐用町

世界遺産・姫路城を抱える50万都市の姫路を中心に、歴史的見どころも多い。温暖で降水量の少ない瀬戸内海気候に属するが、山間部では冬季に積雪が見られることも。臨海部は全国有数の工業地帯があり、製造業が盛ん。播磨科学公園都市など最先端の研究施設が集積する地がある一方、播州織、播州そろばんなど伝統的地場産業も受け継がれる。

淡路

淡路市、洲本市、南あわじ市

冬季も温暖で年間を通じて降水量が少ない。漁業、玉ねぎや花卉などの農業、畜産と一次産業が盛ん。6次産業化も推進。明石海峡大橋の開通後、交通の利便性もアップし、自然派に人気。瓦やお香などの伝統的産業、国の重要無形民俗文化財である淡路人形浄瑠璃など伝統芸能も残る。

丹波

丹波市、丹波篠山市

盆地状の地形から、年間を通じて昼夜間の寒暖差が大きく、秋から冬にかけては「丹波霧」が発生。こうした気候風土を活かした「丹波黒大豆」「丹波栗」「丹波大納言小豆」などの全国に知られる丹波ブランドの特産物が多い。古民家を改装してカフェをオープンしたり、空き家に移住し、農業を始めたりする若者も増えている。お試し居住や二地域居住でも人気。

摂津（神戸・阪神）

神戸市、尼崎市、西宮市、芦屋市、伊丹市、宝塚市、川西市、三田市、猪名川町

150万都市の神戸市を中心に、仕事や教育、住まいに豊富な選択肢があり、全国主要都市へのアクセスもいい。1年を通じ温暖で、降水量が少ない。都心部にあって、自然も身近にあり、歴史や文化に触れられる施設も多い。“住みたい街”としても人気。神戸市ではスタートアップ企業の支援が盛んで、北区や西区では若い就農者も増加。

移住・二拠点生活を考えるならば、こちらに相談、情報をチェック!

兵庫県では、県内の移住・定住に関する相談対応や地域の各種支援策の情報提供を行っている。相談センター「カムバックひょうごセンター」（兵庫・神戸市）、「カムバックひょうご東京センター」（東京・千代田区）ほか、仕事の相談は「ひょうご・しごと情報広場」（ポータルサイトもあり）で対応。ポータルサイト「夢かなうひょうご」では移住に関する情報をワンストップで得られる。

参考文献
『ひょうご雑学100選　五国の魅力』先﨑仁著　神戸新聞総合出版センター
『新・神戸の残り香』 成田一徹（切り絵・文）神戸新聞総合出版センター
『神戸ものがたり』陳舜臣著　平凡社ライブラリー
『ひょうご幕末維新列伝』 一坂太郎著　神戸新聞総合出版センター
『神戸を創る』宮崎辰雄著　河出書房新社
『神戸今昔散歩』原島広至著　中経の文庫
『神戸新聞の100日』 神戸新聞社著　角川ソフィア文庫
『こんなに違う京都人と大阪人と神戸人』丹波元著　ＰＨＰ文庫
『歳月切符』田辺聖子著　集英社文庫
『県民性マンガ　うちのトコでは』もぐら著　飛鳥新社
『見とこ、行っとこ、トコトコ関西』もぐら著　JTBパブリッシング
『兵庫県謎解き散歩』大国正美編著　新人物文庫
『ひょうごの方言』 橘幸男編著　神戸新聞総合出版センター
『いっとかなあかん神戸』江弘毅著　140B
『ひょうごの城めぐり』本岡勇一著　神戸新聞総合出版センター
『神戸ルール』 都会生活研究プロジェクト［神戸チーム］著　中経出版
『神戸、書いてどうなるのか』安田謙一著　ぴあ
『ブラタモリ 12　別府　神戸　奄美』 NHK「ブラタモリ」制作班監修　KADOKAWA
『軌道　福地山線脱線事故　JR西日本を変えた闘い』 松本創著　東洋経済新報社
『現代の県民気質―全国県民意識調査―』NHK放送文化研究所編　NHK出版
『ローカルエコノミーのつくり方』 神戸から顔の見える経済をつくる会著　学芸出版社
『月刊神戸っ子』2019年10月号　服部プロセス株式会社　神戸っ子出版事業部
『Meets Regional 別冊　神戸』 京阪神エルマガジン社
「Lmaga.jp」 京阪神エルマガジン社

データについては、兵庫県・各市町村ホームページ、
総務省統計局「家計調査」（2016 ～ 2018年平均の一世帯当たり品目別年間支出金額及び購入数量）、農林水産省「畜産統計」、厚生労働省「平成28年医師・歯科医師・薬剤師調査」、国土交通省「道路統計年報」、兵庫県の移住ポータルサイト「夢かなうひょうご」、兵庫県公式観光サイト「HYOGO! ナビ」、「都道府県別統計とランキングで見る県民性」などを参照。

その他、神戸新聞、全国紙、各自治体観光・移住パンフレット、企業ホームページなどを参考にしました。
また、インタビューにご協力くださった多くの方々に感謝申し上げます。

あとがき

「外来者も異邦人も快く迎えられ、快く落ち着き、あまりの快さについうかうかとその土地で一生を終えるという肌擦れした安らぎがある」

作家・田辺聖子さんは、そんなふうに著書で神戸の住みよさを紹介しています。

この地を巡ったのは、2013年に刊行した拙書『神戸ルール』（中経出版、現KADOKAWA）の取材以来でしたが、その風通しのよさ、居心地のよさは変わることなく、しかも県全体〝兵庫五国〟に共通している。初めて県内をグル～リ回り、強く感じました。

その背景にあるのは、住まう人々の自分たちの街への〝誇り〟にあるのではないか。それが今回の新しい発見です。5つのエリアそれぞれが個性・独自性を大事にしつつ、外と比較することなく自分たちの街の可能性を信じているからこそ、異分子をも〝心地よい距離感〟を持って自然体で迎えることができる。〝按配のよさ〟はこの地の魅力の1つだと思います。

無論、本書でも指摘したように、歳月とともに街も変われば、抱える問題も変わってきます。でも、この地は自分たちにとって大切なモノは守りながら、その上で〝変わる〟ことを恐れない、いい意味での〝軽さ〟をも持っている。それは歴史が証明しています。

これからどう進化していくのか。楽しみにこれからも見守っていければと思っています。

著者紹介
たび活×住み活研究家　大沢玲子

2006年から各地の生活慣習、地域性、県民性などのリサーチをスタート。ご当地に縁のある人々へのインタビュー、アンケート調査などを通じ、歴史・衣食住・街など、幅広い角度からその地らしさに迫り、執筆を続けている。『東京ルール』を皮切りに、大阪、信州、広島、神戸など、各地の特性をまとめた『ルール』シリーズ本は計17冊、累計32万部超を達成。
本人は鹿児島出身の転勤族として育ち、現在は東京在住。根無し草的なアウェーの立場を活かし、ホットなトピックとして〝移住〟〝関係人口〟などを絡めた新しい地方の楽しみ方を紹介していく。

読むと行きたくなる。行くと住みたくなる――
「たび活×住み活」in神戸
「データ編・兵庫五国ってナンだ?」付き

2020年1月6日　第1刷発行

著者　大沢玲子

漫画　斉藤ロジョコ
校閲　校正室・赤ペン舎
装丁・本文デザイン　有限会社 ZAPP!　白金正之

発行者　五島　洋
発行所　ファーストステップ出版
〒151-0064　東京都渋谷区上原1-34-7　和田ビル2F
有限会社ファーストステップ
TEL 03-6906-8431

印刷・製本　中央精版印刷株式会社
ISBN978-4-909847-02-7　C2026